CLV

Walter Mauerhofer

Evangelisation – Praxistipps

CLV

Christliche Literatur-Verbreitung e. V.
Ravensberger Bleiche 6 · 33649 Bielefeld

Soweit nicht anders vermerkt, sind die Bibelzitate der Elberfelder Übersetzung 2003, Edition CSV Hückeswagen, entnommen.

1. Auflage 2020

Christliche Literatur-Verbreitung
Ravensberger Bleiche 6 · 33649 Bielefeld
Internet: www.clv.de

Satz: EDV- und Typoservice Dörwald, Steinhagen
Cover: Lucian Binder, Marienheide
Druck und Bindung: ARKA, Cieszyn, Polen

Artikel-Nr. 256752
ISBN 978-3-86699-752-3

Inhalt

Vorwort

Der Schweizer Walter Mauerhofer, der zusammen mit seiner Frau Esther auf einen jahrzehntelangen missionarischen Dienst in Österreich zurückblicken kann, hat in diesem Buch persönlich Erlebtes mit Auszügen aus Klassikern der Missionsliteratur verbunden. Der Leser wird mit hineingenommen in die praktische Missionsarbeit vor Ort, trifft beim Lesen aber auch auf einen Fundus an Erfahrungen und Erkenntnissen, welche Missionare, Missionswissenschaftler und Christen aufgezeichnet haben.

Sie alle haben ihr Leben in den Dienst der Mission gestellt, und man kann nicht umhin, sich für das Werk des Herrn weltweit neu begeistern zu lassen.

Gabriele Singer

Kapitel 1

Der Blick auf die Ernte: Die Vision

»Und Jesus zog umher durch alle Städte und Dörfer, lehrte in ihren Synagogen und predigte das Evangelium des Reiches und heilte jede Krankheit und jedes Gebrechen.

Als er aber die Volksmengen sah, wurde er innerlich bewegt über sie, weil sie erschöpft und hingestreckt waren wie Schafe, die keinen Hirten haben. Dann spricht er zu seinen Jüngern: Die Ernte zwar ist groß, die Arbeiter aber sind wenige. Bittet nun den Herrn der Ernte, dass er Arbeiter in seine Ernte aussende« (Matthäus 9,35-38).

Augen, die richtig sehen, und Herzen, die richtig empfinden

Jesus zog umher, und was sah er? Er sah das Volk, die Menschenmenge, verschmachtet, zerstreut. Darum sollte unsere Bitte sein: »Herr Jesus, gib uns Augen, die sehen! Augen, die die *Not* sehen, nicht den *Fortschritt*!«

Als Jesus das Volk sah, wurde er »innerlich bewegt«. Das heißt, er empfand einen tiefen Schmerz. Das ist echte Anteilnahme am Ergehen des anderen. Genauso brauchen auch wir Herzen, die richtig empfinden, Herzen, die in Liebe Anteil nehmen. In der Mission wie unter den Menschen überhaupt gibt es *eine* Sprache, die jeder versteht: die Sprache der Liebe. Das merkt der andere! Wenn wir Menschen zu Jesus rufen wollen, so muss vor unserer Einladung oder unserem Zeugnis unsere *Liebe* zum Nächsten zum Ausdruck gekommen sein. *Mission* heißt Sendung in diese Welt – mit einer frohen Botschaft! Mission ist heute aktueller als je zuvor, denn die Zeit ist kurz und die Aufgabe noch in keiner Weise abgeschlossen.

Kein anderes Buch hat mich in meiner Jugendzeit so stark für die Missionsarbeit motiviert wie *Glühende Retterliebe* von Oswald Smith. Darin schreibt er:

> *»Viele von uns haben einen begrenzten Blick. Wir sehen nur unseren eigenen Bereich, unser Dorf oder unsere Stadt, und nichts darüber hinaus. Es gibt solche Leute, die nur an ihre eigene Kirche oder Gemeinde denken und nicht das geringste Interesse für andere und ihre Arbeit haben. Es gibt auch Menschen mit einem weiten Blick. Vor ihrem geistigen Auge steht eine ganze Stadt oder eine Provinz, und sie sind bereit, ihr Leben und ihre Arbeit für die Evangelisation dieses Gebietes einzusetzen. Doch auch sie haben noch Scheuklappen an. Sie schauen niemals weiter als über die Grenzen ihrer Stadt oder Provinz hinaus. Dann gibt es Menschen mit einem sehr weiten Herzen. Sie denken an ein ganzes Land und wollen sich für die Evangelisationsarbeit dieses Landes einsetzen. Doch ihr Blickfeld ist noch begrenzt, denn sie sehen*

nicht über die Grenzen ihres Landes hinaus, in dem sie leben. Es gibt zum Glück auch Leute, deren Blick noch weiter reicht …«[1]

Immer wieder gab und gibt es Christen, die mit Jesu Augen die Not einer unerreichten Welt sahen und eine Vision für diese Welt entwickelten. Sie sahen, dass die Ernte groß ist, und sie waren bereit, sich als Arbeiter in diese Ernte senden zu lassen. Lassen wir uns durch einige Beispiele motivieren:

Christen mit großen Visionen

Paulus

Das Hauptziel des Apostels Paulus war zweifellos das Gewinnen von Seelen. Der nächste Schritt war jeweils die Gründung von Gemeinden. Dann wurden die neu gegründeten Gemeinden unterwiesen, wie sie selbst Ausgangspunkt der Ausbreitung des Evangeliums und der Evangelisation werden konnten. Diese urgemeindliche Arbeitsweise wird gerade in der Apostelgeschichte auf einzigartige Weise beschrieben. Die örtliche Gemeinde ist ein strategisch wichtiger Faktor mit Blick auf die Ausführung des Planes Gottes.

1 Smith, Oswald: *Glühende Retterliebe*, 13. Aufl., Moers: Brendow, 1981, S. 38f.

John Eliot

John Eliot (1604–1690) war einer der ersten und der wohl bekannteste Missionar, der unter den amerikanischen Indianern arbeitete. 1644, im Alter von vierzig Jahren, begann Eliot sich ernsthaft um die Missionierung der Indianer zu kümmern. Er schreibt:

> *»Die Indianer haben ihren Kriegsrat begraben und vollkommen aufgegeben. Sie haben Morgen- und Abendgebete in ihren Wigwams eingeführt.«*[2]

Im Jahr 1660 gab es 24 einheimische Evangelisten. In allen Städten wurden Schulen gegründet. Was war das Geheimnis von Eliots außergewöhnlichem Leben im Dienste Gottes? Einige Merkmale sind erwähnenswert: sein unbeugsamer Optimismus, seine Fähigkeit, die Hilfe anderer Menschen anzunehmen, und die absolute Gewissheit, dass *Gott* es ist, der die Menschen rettet, und nicht *er*.

Nikolaus Ludwig Graf von Zinzendorf

Nikolaus Graf von Zinzendorf (1700–1760) ging bei August Hermann Francke[3] in Halle zur Schule. 1722 gewährte er Flüchtlingen auf seinem Gut Berthelsdorf – später

---

2 Zitiert in: Tucker, Ruth A.: *Bis an die Enden der Erde*, Metzingen: Ernst Franz Verlag, 1996, S. 84–85.

3 August Hermann Francke (1663–1727): deutscher evangelischer Theologe, Pädagoge und Kirchenliederdichter. Einer der Hauptvertreter des Halleschen Pietismus.

»Herrnhut« genannt – Zuflucht. Zinzendorfs Beitrag zur Mission lässt sich am besten am Leben der vielen Männer und Frauen feststellen, die alles verlassen haben, um dem Herrn zu dienen. Er war einer der bedeutendsten Bahnbrecher der Missionsarbeit im 18. Jahrhundert. Auch wirkte er als Wegbereiter der Mission in Amerika unter den Indianern. Er leitete 33 Jahre lang ein weltweites Netz von Missionaren. Alle seine Missionare mussten ihren Lebensunterhalt selbst verdienen.

David Zeisberger

David Zeisberger (1721–1808) wirkte 63 Jahre lang inmitten von Unheil und Not. 1744 begann er den Dienst im Tal des Hudson River im Nordosten der heutigen USA. Trotz großer Verfolgungen hielt Zeisberger an der Missionsarbeit fest. 1764 half er bei der Gründung von »Gnadenhütten«, einem christlichen Indianerdorf in Pennsylvania. Nach einigen Jahren, beim Ausbruch des Krieges zwischen den Franzosen und den Indianern (des »Siebenjährigen Kriegs«), griff eine Gruppe plündernder Indianer die Siedlung an und steckte sie in Brand. Zeisberger wirkte auch in Ohio und anderen Gebieten in großem Segen.

William Carey

William Carey (1761–1834) war ein armer englischer Schuhmacher. Später wurde er mit Recht als der Vater der modernen Mission bezeichnet. Durch sein Beispiel hat er gezeigt, was getan werden muss, um eine verlorene Welt zu Christus zu führen. Sein Geheimnis war: »Ich kann hart arbeiten, und ich halte durch.«[4] 1793 bestieg er ein Schiff, das ihn nach Indien brachte. Dort bestand seine Hauptaufgabe darin, Schulen zu gründen und die Bibel zu übersetzen. Serampore in Westbengalen wurde das Zentrum der baptistischen Missionsarbeit in Indien. Eine große Druckerei wurde gebaut und laufende Übersetzungsarbeiten geleistet. Viele Inder bekehrten sich und ließen sich taufen. Auch wurden einheimische Missionare ausgebildet.

John Paton

John Paton (1824–1907) ist wohl der bekannteste unter den Südseemissionaren. Er wuchs in sehr ärmlichen Verhältnissen auf. Als junger Mann arbeitete er in der Glasgower Stadtmission und wirkte in den Gettos der Stadt. An einem Apriltag bestieg er schließlich zusammen mit seiner Frau das Schiff in Richtung Südsee. Auf den Neuen Hebriden wurde den Patons die Insel Tanna zugewiesen. Mit Hilfe der einheimischen Christen errichtete Paton später auf der Insel Aniwa zwei Waisenhäuser, gründete eine blühende Gemeinde und baute Schulen. Paton schreibt:

> *»In dem Moment, in dem ich das Brot und den Wein in diese dunklen Hände legte, die früher einmal mit*

---

4 Zitiert in: Tucker, 1996, S. 105.

dem Blut des Kannibalismus beschmutzt waren, nun aber ausgestreckt, um die Zeichen und Siegel der Liebe des Erlösers zu empfangen, hatte ich einen Vorgeschmack der Freude der Herrlichkeit, die mein Herz beinahe zerspringen ließ.«[5]

Hudson Taylor

Seit dem Apostel Paulus hat es wenige Missionare gegeben, die eine so weitreichende Vision und einen systematischen Plan zur Evangelisation eines riesigen Landes entwickelt haben, wie Hudson Taylor (1832 – 1905). Sein Ziel war es, ganz China mit dem Evangelium zu erreichen. Unter seiner Leitung und auch noch nach seinem Tod wuchs die Zahl der Missionare in China nach und nach stark an. 1882 hatte die China-Inland-Mission in allen Provinzen Missionare stationiert. Dreißig Jahre nach ihrer Gründung zählte die CIM 640 Missionare, und 1934 waren es 1368 Missionare.

David Livingstone

David Livingstone (1813 – 1873) war ein schottischer Missionar und einer der bekanntesten Afrikaforscher des 19. Jahrhunderts, der als erster Europäer die Victoriafälle

5 Zitiert in: Tucker, 1996, S. 200.

des Sambesi entdeckte. Er hinterließ uns folgende Worte zum Nachdenken:

> *»Soweit es mich angeht, höre ich nie auf, mich darüber zu freuen, dass Gott mich zu diesem Dienst bestimmt hat. Die Menschen reden von dem Opfer, das ich hingebe, indem ich mein Leben in Afrika verbringe. Kann man das ein Opfer nennen, wenn man einfach einen Teil der Schuld zurückzahlt, die man Gott schuldet und die wir doch nie zurückzahlen können? Weg mit so einem Wort und weg mit so einer Ansicht und weg mit solchen Gedanken. Mit aller Betonung muss gesagt werden: Es ist kein Opfer. Sagen wir doch lieber, es ist ein Vorrecht. Angst, Krankheit, Leiden oder Gefahren, hie und da mit einem Verzicht auf allgemeine Bequemlichkeiten und Annehmlichkeiten des Lebens lassen uns zuweilen stille stehen, unseren Geist erzittern und den Mut sinken. Aber das darf nur ein kurzer Moment sein. All das ist nichts im Vergleich mit der Herrlichkeit, die danach an uns und für uns offenbar werden wird.«*[6]

Der unermüdliche Einsatz unzähliger Missionare

Allein dem unermüdlichen Einsatz unzähliger Missionare und Missionarinnen ist es zu verdanken, dass das Christentum zur einflussreichsten Bewegung geworden ist, wel-

---

6 Zitiert in: Tucker, 1996, S. 129.

che die Welt verändert hat. Lesslie Newbigin[7] bemerkt dazu:

> *»Das weltweite Christentum verdankt seine Ausbreitung der Missionsbewegung des 18. und 19. Jahrhunderts. Unabhängig vom eigenen Standpunkt gegenüber dem Christentum muss diese Bewegung als eines der herausragendsten Phänomene der Weltgeschichte betrachtet werden. Es ist merkwürdig, dass in der Gegenwart dieser Tatsache so wenig Aufmerksamkeit geschenkt wird.«*[8]

Den Männern und Frauen dieser Missionsbewegung wird wenig Aufmerksamkeit geschenkt. Es waren Menschen, die entschlossen ihr Leben in den Dienst dieser Aufgabe stellten, getrieben von einem kämpferischen Geist. Wer waren diese Menschen, die alles opferten, um das Evangelium bis an die Enden der Erde zu tragen? Waren es geistliche Riesen, die alle Hindernisse mühelos überwanden? Nein, es waren ganz gewöhnliche Sterbliche, keine Super-Heiligen. Genauso wie die Personen der Bibel insgesamt eine sehr bunte Truppe darstellten, waren auch sie Menschen mit Ecken und Kanten. Aber bereit, sich trotz ihrer menschlichen Schwächen von Gott gebrauchen zu lassen, hinterließen sie unauslöschliche Spuren in aller Welt. Freilich denkt man zunächst an die Namen der großen Männer, Namen wie William Carey, David Livingstone oder Hudson Taylor. Aber auch Frauen drücken der Missions-

---

7 Lesslie Newbigin (1909 – 1998): britischer Theologe und Missionar in Indien.
8 Zitiert in: Tucker, 1996, S. 7.

arbeit überall ihren Stempel auf. Familie prägt Mission. In der Geschichte der Ausbreitung des christlichen Glaubens seit nunmehr zweitausend Jahren begegnen uns Frauen und Männer, die sich mit ihrem ganzen Leben dafür eingesetzt haben, das Wort Gottes bis in die entlegensten Gegenden den Menschen zu verkündigen, die noch nichts von Jesus gehört haben.[9]

9 Vgl. Tucker, 1996, S. 15–18.

Kapitel 2

Der Acker: Die Welt

»Und Jesus trat herzu und redete zu ihnen und sprach: Mir ist alle Gewalt gegeben im Himmel und auf der Erde. Geht nun hin und macht alle Nationen zu Jüngern und tauft sie auf den Namen des Vaters und des Sohnes und des Heiligen Geistes und lehrt sie, alles zu bewahren, was ich euch geboten habe. Und siehe, ich bin bei euch alle Tage bis zur Vollendung des Zeitalters« (Matthäus 28,18-20).

Mission bedeutet, hineingenommen zu werden in einen Kampf auf Leben und Tod. Und zwar geht es um *ewiges* Leben oder *ewigen* Tod! Wer an Jesus glaubt, hat *ewiges* Leben *(Johannes 6,47)*. Wer nicht an ihn glaubt, der ist tot für Gott. Aber Gott will nicht den Tod des Sünders. Er will, dass die Menschen eben *nicht* verloren gehen, sondern dass sie geistlich leben durch den Glauben an Jesus Christus. Mission heißt, zu diesen Verlorenen gesandt zu sein. Ich weiß, das ist nicht mehr modern, aber das ist die biblische Botschaft. Mission besteht nicht in irgendeiner wohlwollenden Tätigkeit. Spurgeon sagte einmal: »Vorwärts um Gottes willen!«[10] Vorwärts mit der Botschaft von

10 Vatter, Ernst: *Der unerledigte Auftrag*, Bad Liebenzell: Verlag der Liebenzeller Mission, 1983, S. 25.

Jesus für Verlorene, vorwärts in eine Welt ohne Hoffnung, in die hinein jeden Tag durchschnittlich 420 000 Menschen geboren werden.[11] Mission *hat* das Ziel, Menschen für Christus zu gewinnen. Und sie *erreicht* das Ziel durch Opferbereitschaft.

Die Hauptaufgabe der Gemeinde Jesu Christi ist die Evangelisierung der Welt. Wenn Weltevangelisation unsere alleroberste Aufgabe ist, dann sollten wir alles andere stehen und liegen lassen, wenn eine Missionskonferenz abgehalten wird. Wenn irgend möglich sollten wir bei jeder einzelnen Versammlung zugegen sein, sonst setzen wir ja etwas anderes an die erste Stelle. Steht aber die Weltevangelisation wirklich an erster Stelle bei uns, dann konzentrieren wir uns mit unseren Gaben auf die Mission und überlassen es anderen, die diesen Blick und diese Erkenntnis nicht haben, ihr Geld für andere Zwecke zu geben. Setzen wir die äußere Mission an die erste Stelle, so werden unsere Gaben für die Mission größer sein als unser Beitrag für irgendeine andere Sache.

So weit ich mich zurückerinnern kann, war es bei uns zu Hause der gute Brauch, an den drei großen Jahreskonferenzen unseres Gemeindeverbandes teilzunehmen, im Frühjahr, Sommer und Herbst. Diese Konferenzen dauerten jeweils von Donnerstagabend bis Sonntagnachmittag. Höhepunkte waren jeweils die Missionsberichte von Missionaren aus Papua-Neuguinea und aus anderen Ländern

11 https://countrymeters.info/de/World (abgerufen am 12. 12. 2019).

der Erde. Bewegend für mich war, als ich noch als Junge an einer solchen Glaubenskonferenz miterleben durfte, wie die ersten drei Missionare unserer Gemeinde zum Dienst in Papua-Neuguinea ausgesandt wurden. Die ganze Gemeinde war bereit, große Opfer für die Missionsarbeit zu geben. Warum werden die Glaubenskonferenzen heute schlechter besucht als früher? Welchen Stellenwert hat die Weltmission in den Gemeinden? Sind wir heute auch noch bereit, große Opfer für die weltweite Missionsarbeit zu bringen? Ist für uns die Gemeinschaft mit Glaubensgeschwistern wichtig, die man wegen großer Distanzen oft während eines Jahres oder einiger Monate nicht mehr sieht? Wir waren während dieser Konferenztage am Mittag mit einer guten Suppe voll zufrieden. Und was gab es Schöneres für uns Kinder, als auf Stroh in einem Schafstall zu schlafen!

Jetzt gibst du vielleicht zu bedenken: »Warum soll ich in die Ferne ziehen, bevor in der Heimat alle Menschen bekehrt sind? Hier gibt es doch noch so viel zu tun! Warum sollen wir denn die Arbeit in der Heimat nicht zuerst vollenden, ehe wir in die Ferne ziehen?«

Ich kann kommen, wohin ich will, überall begegnet mir dieser Einwand. Warum hat David Livingstone Schottland verlassen und ist nach Afrika gezogen, bevor alle Menschen in Schottland überzeugte Christen geworden waren? Warum verließ William Carey England und ging nach Indien, ehe alle Menschen in England Jesu Eigentum geworden waren? Warum? Hierauf gibt es nur eine einzige Antwort, die ganz klar in der Bibel steht: *»Der Acker aber ist die Welt« (Matthäus 13,38).*[12]

Ernst Vatter war ein Vollblutmissionar, ein Mann, der *begeistert* war für die Mission und der ebenso *begeistern* konnte für die Mission. Wer sein Buch *Der unerledigte Auftrag* liest, dessen Herz wird für die Weltmission bewegt. Und obwohl dieses Buch im Jahr 1983 erschienen ist und sich inzwischen vieles auf der Welt verändert hat, ist doch der Auftrag, den wir von unserem Herrn Jesus bekommen haben, derselbe geblieben: *»Geht nun hin und macht alle Nationen zu Jüngern« (Matthäus 28,19).* Als das Buch geschrieben wurde, lebten ca. 4,5 Milliarden Menschen auf der Welt. Heute zählt die Weltbevölkerung ca. 7,7 Milliarden Menschen. Man könnte also erschrecken vor der Größe der Missionsaufgabe. Sie reicht von unserer Haustür bis an das Ende der Welt. Aber wir tragen eine Verantwortung für die Erfüllung dieser Aufgabe![13]

---

12 Vgl. Smith, 1981, S. 64.

13 Vgl. Vatter, 1983, S. 25–64.

Kapitel 3

Die Aussaat: Von der Wahrheit zeugen

»Da sprach Elisa: Hört das Wort des HERRN! So spricht der HERR: Morgen um diese Zeit wird ein Maß Feinmehl einen Sekel wert sein, und zwei Maß Gerste einen Sekel im Tor von Samaria. Da antwortete der Anführer, auf dessen Hand der König sich stützte, dem Mann Gottes und sprach: Siehe, wenn der HERR Fenster am Himmel machte, würde dies wohl geschehen? Und er sprach: Siehe, du wirst es mit deinen Augen sehen, aber du wirst nicht davon essen. Es waren aber vier aussätzige Männer am Eingang des Tores; und sie sprachen einer zum anderen: Was bleiben wir hier, bis wir sterben? Wenn wir sprechen: Lasst uns in die Stadt gehen, so ist die Hungersnot in der Stadt, und wir werden dort sterben; und wenn wir hier bleiben, so werden wir auch sterben. Und nun kommt und lasst uns zum Lager der Syrer überlaufen; wenn sie uns am Leben lassen, so leben wir, und wenn sie uns töten, so sterben wir. So machten sie sich in der Dämmerung auf, um ins Lager der Syrer zu kommen; und sie kamen an das Ende des Lagers der Syrer, und siehe, kein Mensch war da. Denn der Herr hatte das Lager der Syrer ein Getöse von Wagen und ein Getöse von Pferden hören lassen, das Getöse einer großen Hee-

resmacht; und sie sprachen einer zum anderen: Siehe, der König von Israel hat die Könige der Hethiter und die Könige von Ägypten gegen uns angeworben, dass sie über uns kommen sollen. Und sie machten sich auf und flohen in der Dämmerung; sie ließen ihre Zelte und ihre Pferde und ihre Esel, das Lager, so wie es war, zurück und flohen um ihr Leben. Als nun jene Aussätzigen an das Ende des Lagers kamen, gingen sie in ein Zelt und aßen und tranken; und sie nahmen daraus Silber und Gold und Kleider und gingen hin und verbargen es. Und sie kamen wieder und gingen in ein anderes Zelt; und sie nahmen daraus und gingen hin und verbargen es. Da sprachen sie einer zum anderen: Wir tun nicht recht. Dieser Tag ist ein Tag guter Botschaft; schweigen wir aber und warten, bis der Morgen hell wird, so wird uns Schuld treffen. Und nun kommt und lasst uns hineingehen und es im Haus des Königs berichten. Und sie kamen und riefen die Torwache der Stadt und berichteten ihnen und sprachen: Wir sind in das Lager der Syrer gekommen, und siehe, kein Mensch war da, und keine Menschenstimme; sondern nur die Pferde angebunden und die Esel angebunden, und die Zelte, so wie sie waren. Und man rief die Torwächter, und sie berichteten es drinnen im Haus des Königs. Da stand der König in der Nacht auf und sprach zu seinen Knechten: Ich will euch sagen, was die Syrer uns getan haben: Sie wissen, dass wir Hunger leiden, und sie sind aus dem Lager gegangen, um sich auf dem Feld zu verbergen, indem sie sagen: Wenn sie aus der Stadt herausgehen, so wollen wir sie lebend greifen und in die Stadt eindringen. Da antwortete einer von seinen Knechten und sprach: So nehme man doch fünf von den übrigen Pferden, die hier übrig geblieben sind (siehe, sie sind wie die ganze Menge Israels, die hier übrig geblieben, sie sind wie die ganze Menge Israels, die aufgerieben ist), und lasst uns hinsenden und sehen. Und sie nahmen zwei Wagen mit Pferden, und der König sandte sie hinter dem Heer der Syrer her und sprach: Geht hin und seht nach. Und sie zogen ihnen nach bis an den Jordan; und siehe, der ganze Weg war voller Kleider und Geräte, die die Syrer auf ihrer eiligen Flucht weggeworfen hatten. Und die Boten kehrten zurück und berichteten es dem König. Da ging das Volk hinaus und plünderte das Lager der Syrer; und es war ein Maß Feinmehl einen Sekel wert, und zwei Maß Gerste einen Sekel, nach dem Wort des HERRN« (2. Könige 7,1-16).

L. A. T. Van Dooren schreibt in seinem Buch *Menschenfischen – persönliches Engagement*:

»Im Kapitel 7 des zweiten Buches der Könige finden wir eine faszinierende Geschichte. Sie zeigt die großen Möglichkeiten, die man auf die persönliche Evangelisation übertragen kann. Durch eine feindliche Belagerung erlebt die Stadt Samaria eine Hungersnot innerhalb ihrer Mauern. Nichts als Schwermut, Verzweiflung und Tod umgab die hungernden Bürger. Inmitten dieser Verhältnisse gab Elisa, der Prophet und Mann Gottes, ein erstaunliches Versprechen ab.

Es klingt zu schön, um wahr zu sein. In der Tat erklärt ein Kluger, dass die Erfüllung des Versprechens so gut wie unmöglich sei. Der Prophet hatte seiner erstaunlichen Aussage jedoch die Worte ›So spricht der Herr‹ vorangestellt. Indem er das tat, zeigte er, dass dieses Versprechen ein Versprechen Gottes war. Es war eine Botschaft des Herrn, hinter der die ganze Macht und Autorität des Himmels stand. Gott hat in seinem Wort viele Versprechen gegeben und nicht zuletzt die Verheißungen, die im Evangelium enthalten sind. Den Toten in Sünde, die dem ewigen Tod und der Trennung von Gott entgegengehen, bietet der Herr Jesus ewiges Leben, neue Hoffnung und Frieden im Glauben an. In Vers 3 lesen wir von vier aussätzigen Männern. Ihnen galt größtes Mitleid, denn ihre Lage schien hoffnungslos zu sein. Sie wussten um ihre Not und unternahmen einen Glaubensschritt ins Ungewisse, bei dem sie eine erstaunliche Entdeckung machten. Gott hatte eingegriffen. Der Feind war besiegt worden und geflüchtet. Er hatte dabei einen reichen Lebensmittelvorrat hinterlassen, groß genug, um jede Not zu beseitigen. Die Lage sah so aus, dass die Bewohner in der Stadt noch in der Dunkelheit, in Furcht vor dem Tod und in großer Not lebten. Sie fürchteten sich vor einem besiegten Feind! Die vier aussätzigen Männer erlebten eine herrliche Zeit (Vers 8). Sie waren hungrig gewesen und waren nun satt. Sie waren arm gewesen, hatten aber nun Schätze und Proviant für die Zukunft gesammelt. Dann erkannten sie auf einmal ihre große Verantwortung für die Notleidenden der Stadt. Sie mussten ihre herrliche Entdeckung mitteilen.«[14]

»Da sprachen sie einer zum anderen: Wir tun nicht recht. Dieser Tag ist ein Tag guter Botschaft; schweigen wir aber und warten, bis der Morgen hell wird, so wird uns Schuld treffen. Und nun kommt und lasst uns hineingehen und es im Haus des Königs berichten« (2. Könige 7,9).

Nun kehrten sie in die Stadt Samaria zurück. Es waren nur vier aussätzige Männer, aber sie wurden der Schlüssel in Gottes Hand, der das Wort, das er seinem Propheten gegeben hatte, erfüllte. Dabei wurde die Not der ganzen Bevölkerung der Stadt Samaria gestillt. Wie man erwarten würde, nahm man die Aussage dieser Männer zwar erst sehr misstrauisch auf und stellte sie dann auf die Probe. Aber nachdem der Beweis erbracht war, strömte das ganze Volk aus der Stadt hinaus. An die Stelle der Trauer trat nun die Freude. Verzweiflung und Schwermut mussten der Freude und Hoffnung weichen.

Der Hunger wurde gestillt. Die, welche sich im Griff des Todes befunden hatten, traten jetzt in ein neues Leben. Das Geheimnis war, dass vier Männer, die ihre eigene Not erkannt hatten, durch einen Glaubensschritt eine große Entdeckung machten. Sie erkannten und verkündigten dann die gute Nachricht. Sie kehrten nach Hause zurück,

---

14 Van Dooren, L. A. T: *Menschenfischen – persönliches Engagement*, Frutigen: Schweizerische Schallplattenmission, 1975, S. 111f.

um ihren Freunden und Verwandten zu sagen, dass sie die Antwort auf ihre Not gefunden hatten.

So hält Gott sein Versprechen ein. Hier liegt die große Möglichkeit: zuerst die eigene Not erkennen, dann die gute Botschaft verkündigen. Gott ist heute noch genau der Gleiche. Er hat uns in seinem Wort überaus große und wertvolle Verheißungen gegeben. Menschen befinden sich in der Furcht des Todes und im Griff Satans. Aber der Feind ist besiegt worden! Jetzt gibt es volle Vergebung und für jede Not volle Genüge. Fürsorge ist reichlich vorhanden, und das Heil steht kostenlos als Geschenk zur Verfügung.

Van Dooren berichtet weiter:

> *»Ich kann mich erinnern, wie Miss Mildred Cable, eine Missionarin, vor Jahren einmal von der Wüste Gobi erzählte. Dabei sagte sie: ›Wenn es ein überragendes Verbrechen unter den Wüstennomaden gibt, dann ist es dies, zu wissen, wo Wasser ist, und es zu verschweigen.‹ Könnten wir diese Aussage auf unser Thema übertragen? Wenn es unter Gläubigen ein schweres Versagen gibt, dann ist es dieses, den Heiland zu kennen und ihn nicht zu bekennen. Das große Reservoir an Möglichkeiten ist zum großen Teil noch unangezapft, weil es unzählige Christen gibt, die errettet sind, den Herrn jedoch noch nie vor anderen bezeugt haben.«*[15]

15 Vgl. Van Dooren, 1975, S. 113.

Es sollte das Lebensziel jedes Christen sein, ein Zeuge der Wahrheit zu sein. Und diese Wahrheit lautet: Gott hat nur *einen* Weg zur Erlösung, nämlich das stellvertretende Leiden Jesu Christi. Unser Lebensziel zeigt, was wir für wichtig halten und was nicht. Wir sollten uns beständig fragen, welchen Beitrag wir mit unserem Leben für den Aufbau des Reiches Gottes leisten.

Paulus, dieser unerschrockene Zeuge, hat sich dieser Botschaft nicht geschämt. Viele überzeugte Christen in unserer Zeit schämen sich, das Evangelium weiterzusagen. Diese Scham ist sozusagen zur Zeitkrankheit geworden. Aber unsere Zeit braucht Zeugen der Gnade Jesu, die sich des Bekenntnisses *nicht* schämen und die mit ihrem Leben hinter der Botschaft stehen!

Wenn wir also Zeugnis von der Wahrheit ablegen wollen, spielt natürlich auch das *Wie* eine entscheidende Rolle. Das Evangelium ist nämlich eine *Froh*botschaft, keine *Droh*botschaft! Das Evangelium bleibt ein Angebot der herrlichsten Botschaft aller Zeiten an die Hörer. Wie verkündigen wir es? Spürt der Hörer, dass die Botschaft, die er hört, als Liebesangebot an ihn geschieht? Der Botschafter muss sich bewusst sein, dass nicht *er* es ist, der die Herzen öffnen kann, sondern allein der *Heilige Geist*.

Bei der Verkündigung des Evangeliums ist viel Weisheit gefragt. Man sollte deshalb die Zeit, in der wir leben, kennen und wissen, was den Gegenüber beschäftigt. Jeder Christ sollte daher stets bemüht sein, Neues zu lernen. Mit Menschen in rechter Weise umzugehen und sie auf ihrem Lebensweg zu begleiten, erfordert intensive Aufmerksamkeit, denn im Allgemeinen sind die Menschen mit dem beschäftigt, was sie alles besitzen und noch haben möchten. Es gibt Menschen, die ihr ganzes Leben lang versuchen, andere für sich selbst zu interessieren. Die Leute sind nicht an uns interessiert. Sie interessieren sich vor allem für sich selbst, und zwar morgens, mittags, abends.

Oswald Sanders schreibt in seinem Buch *Wie gewinne ich Menschen für Christus?*:

> *»Es gibt viele Christen, die noch nie einen Menschen für den Herrn gewonnen haben. Sie kennen die Freude dieses Dienstes nicht. Nie in meinem Leben habe ich ein vollkommeneres, überströmenderes und unaussprechlicheres Glücksgefühl erlebt, als an dem Tag, an dem ich erleben durfte, wie ein Mensch sich von ganzem Herzen bekehrt hat.«*[16]

Die Leidenschaft, Menschen für Christus zu gewinnen, ist unter Christen heute leider selten geworden. Warum ist das so?

Zum einen haben manche Christen ein mangelndes *Bewusstsein*, dass jeder verstockte, unbußfertige Mensch verlorengeht. Doch im Matthäusevangelium heißt es: *»Denn was wird es einem Menschen nützen, wenn er die ganze Welt gewinnt, aber seine Seele einbüßt?«(Matthäus 16,26).*

Zum anderen mangelt es uns Christen häufig an *Anteilnahme* am Schicksal der Verlorenen. Wie anders war der Herr Jesus! Er nahm Anteil am Einzelnen und an der Masse. Jesus weinte über Jerusalem. Auch Paulus flehte die

16 Sanders, Oswald: *Wie gewinne ich Menschen für Christus?*, Bielefeld: Christlicher Missions-Verlag, 2005, S. 7.

Menschen Tag und Nacht unter Tränen an, sich mit Gott versöhnen zu lassen. Viele Christen haben keinerlei Vorstellung vom Wert einer Seele. Aber davon hängt es ab! Der Eifer unseres Retterdienstes hängt von unserer Kenntnis des Wertes des zu gewinnenden Menschen ab. Stattdessen fragen wir uns oft: Ist die Rettung von Seelen es denn wirklich wert, dass wir uns selbst so viel Unannehmlichkeiten bereiten und unser eigenes Vergnügen gering erachten?

Wenn wir auf unser Leben im missionarischen Dienst zurückblicken, stimmt es wirklich, dass wir auf vieles verzichten mussten, was sich andere, die ein gesichertes Einkommen haben, alles leisten und gönnen konnten. Wie oft hätten wir gern einen größeren Monatslohn gehabt und die vielen Sorgen der mancherlei Anfeindungen nicht erleben müssen. Und doch dürfen wir sagen, dass alle Entbehrungen materieller Art wie nichts erscheinen angesichts der übergroßen Freude, wenn Menschen gerettet werden und zum Frieden mit Gott finden.

Kapitel 4

Der Sämann: Motivation und Begeisterung

Richtige Motivation kann zur Begeisterung führen. Ein für das Werk des Herrn begeisterter Mensch kann Wunder vollbringen. Er ist nicht *allein* begeistert, sondern er zieht *andere Menschen* mit hinein in seine Visionen. Begeisterte Menschen haben meistens ein Ziel vor Augen. Sie wollen etwas leisten, das sich in ihrem Leben lohnt. Es sind Menschen, die gern Neues wagen. Sie wollen nicht bei altbewährten Methoden stehen bleiben. Wenn keine Begeisterung vorhanden ist, wird jede Aufgabe schwer, jede Arbeit mühsam, und man bewegt sich nicht vorwärts.

Ein Beispiel aus meiner Kindheit zeigt, was Begeisterung bei mir bewirken konnte. Ich war in der fünften oder sechsten Klasse. Mein Lehrer damals war ein Mensch voller Visionen und sehr begeisterungsfähig. Im Biologieunterricht schaffte er es, uns Kinder für die Vogelwelt zu begeistern. Niemand konnte die vielen Singvögel an ihren Stimmen erkennen wie mein Lehrer. Jeder Schulausflug, jede Wanderung war faszinierend für mich. Als im Frühling ein Schwalbenpaar im Dachstuhl unseres Hauses ein Nest baute, nahm ich mir vor, nach dem Schlüpfen der Jungtiere genaue Aufzeichnungen über das Füttern zu machen. Bis zu dem Zeitpunkt, an dem die Schwalben ihr Nest verließen, lag ich jede freie Minute auf dem Bretterboden des Dachbodens und machte meine Aufzeichnungen. Ich war so sehr begeistert über alles, was ich beobachten durfte, dass ich manches Mal alles andere um mich herum vergaß. Meinem Lehrer erzählte ich fast jeden Tag die Einzelheiten meiner Beobachtungen.

Wenn sich die persönliche Begeisterung auf andere Menschen überträgt, dann kann wirklich Großes erreicht werden. Wann waren wir das letzte Mal für die Sache des Herrn wirklich begeistert?

1956 evangelisierte das Janz-Team in der Festhalle in Bern. Einige tausend Besucher kamen Abend für Abend zu den Veranstaltungen. Für mich als Zwölfjährigen war diese Evangelisation eine große Motivation, später in meinem Leben dem Herrn als ein brauchbares Werkzeug zu dienen.

Begeisterung gibt Mut, sich an Aufgaben heranzuwagen, die man mit Blick auf das eigene Unvermögen für undurchführbar hält. Für mich war zum Beispiel der Beginn meiner Garten- und Evangelisationsvorträge eine solche Herausforderung, die sich letztlich aber gelohnt hat.

Begeisterung hilft, Schwierigkeiten zu überwinden und Durststrecken zu bewältigen, weil sie Kraft und Ausdauer gibt. Mein Wunsch ist, dass alle überzeugten Jesus-Nachfolger neu für das Werk der Evangelisation begeistert werden.

Kapitel 5

Die Vorarbeit: Hindernisse überwinden

»Wir sind dazu aufgerufen, Zeugen für Christus zu sein. Wir sind dazu aufgerufen, dieser verzweifelten Welt zuzurufen: Christus hat, was ihr braucht! Das ist unsere Aufgabe. Wenn wir aber ehrlich sind, müssen wir zugeben, dass die meisten von uns ziemlich schlecht evangelisieren. Bevor wir aber Hindernisse, die uns vom Zeugnisablegen abhalten, überwinden können, müssen wir uns darüber Gedanken machen, wo unsere Probleme wirklich liegen.«

Diese Worte eines Zeugen Jesu treffen den Kern. Was hält uns vom Evangelisieren ab? Fehlt es uns nicht auch oft an Vorbildern?

Viele Christen haben leider keine Vorbilder, bei denen sie lernen können, wie man evangelisiert. Wenn ich als junger Teenager das Wort ›Evangelisation‹ hörte, verband ich dieses Wort mit einer Saal-Evangelisation, die jedes Jahr einmal eine Woche dauerte. Mein erstes Vorbild dafür, wie man evangelisiert, waren meine Eltern. Sie nutzten verschiedene Gelegenheiten dafür, Menschen mit der Botschaft zu konfrontieren.

Folgende Begebenheit möchte ich als Beispiel berichten: Meine Mutter war eine sehr fleißige Frau. Sie arbeitete oft stundenlang am Tag im Garten. Was sich eines Tages ereignete, durfte ich als stiller Beobachter aus einer gewissen Entfernung beobachten. Eine junge Mutter einiger Kinder kam zu uns zu Besuch. Sie wollte mit meiner Mutter über ihre Probleme sprechen. Wegen der großen Arbeit in der Gärtnerei bat meine Mutter die Frau, mit ihr in den Garten zu gehen. Dort würde sie sich gern Zeit nehmen, um ihre Probleme anzuhören. Zwischen den langen Gartenbeeten auf einem Jutesack kniend, zupfte meine Mutter das Unkraut zwischen den Blumenpflanzen aus. Auf der anderen Beetseite kniete die junge Frau, auch auf einem Jutesack, und zupfte ebenfalls Unkraut. Meine Mutter lauschte den Worten der Besucherin und konnte für sie zum Wegweiser zum Herrn Jesus werden. Die weiteren Besuche dienten dazu, diese junge Frau in ihrem Christenleben zu festigen und zu begleiten.

Wenn ich das häufigste Hindernis nennen müsste, das sich der Evangelisation entgegenstellt, dann sind es wohl unsere *Ängste*. Was soll ich sagen? Viele Christen haben zum Beispiel Angst, weil sie ganz einfach nicht wissen, was sie sagen sollen, wenn sie anderen ihren Glauben mitteilen wollen. Und ich möchte zugeben, dass diese Angst durchaus ihre Berechtigung hat. Wir dürfen sie nicht bagatellisieren. Doch wenn wir unseren Glauben nicht in Worte fassen können, ist das dennoch kein Grund, *nichts* zu tun.[17]

17 Vgl. Aldrich, Joseph C.: *Hilfen für Evangelisation und Jüngerschaft*, Oregon: Lifestyle Evangelism, 1987, S. 31–64.

Ich nahm eine Bauernfamilie, die ich durch die Vortragsarbeit für den Herrn gewinnen durfte, zu einem Hausbesuch mit. Ich hatte den Wunsch, dass sie bei einer sich bietenden Gelegenheit ihr persönliches Zeugnis mitteilen sollten. Meine Freunde bekundeten ihre Ängste vor dem zu erwartenden Austausch mit der ungläubigen Bauernfamilie.

Wir beteten noch gemeinsam, bevor wir das Haus betraten. Drinnen waren wir schnell in ein Gespräch über Glaubensfragen verwickelt. Ich fragte die um den Tisch versammelten Leute, ob sie etwas dagegen hätten, wenn ich eine Begebenheit aus dem Neuen Testament vorlesen würde. Dies wurde von allen verneint, und so las ich das 16. Kapitel aus dem Lukasevangelium: die Begebenheit vom reichen Mann und dem armen Lazarus. Plötzlich stand der Gastgeber, ein Bauer, vom Tisch auf, unterbrach mich beim Lesen und bat, dass ich ihm die Bibel geben möge. Er setzte sich und las still die eben von mir vorgelesene Stelle noch einmal durch. Nach einer Weile sagte er: »Jetzt glaube ich, weil es hier in der Bibel geschrieben steht.«

Meine Freunde und ich waren über dieses Erlebnis sehr bewegt und dankbar. Der Herr hatte sichtbar die Herzen der Hörer angesprochen – einfach durch sein Wort.

Manche Christen besitzen zwar theoretisch eine gewisse Fähigkeit, die Grundlagen des Christseins zu erklären. Aber wenn das Gespräch dann auf den Glauben kommt, schnürt ihnen Angst die Kehle zu. Sie haben Angst, dass sie nicht alle Fragen richtig beantworten können, die vielleicht gestellt werden könnten.

Wir hatten während einiger Jahre für jeweils zwei Wochen eine Reihe junger Christen bei uns, die uns bei evangelistischen Einsätzen halfen. Jeden Vormittag nahmen wir uns Zeit, uns über die Erfahrungen bei den evangelistischen Vorträgen vom Vorabend auszutauschen. Leider hatten nur wenige der jungen Christen Erfahrung damit, wie man mit interessierten Menschen Gespräche führt. Einige von ihnen argumentierten so: »Es zahlt sich gar nicht aus, wenn ich versuche, ein Zeuge für Jesus zu sein. Ich glaube, ich schaffe das nie, dass durch mich jemand zum Glauben findet. Das muss ich den Leuten überlassen, die mehr Erfolg haben als ich.«

Es war nach meiner Bibelschulzeit. Wir waren ein Team von vier Männern und mit einem Missionszelt in einigen Orten der Schweiz unterwegs, um das Evangelium zu verkündigen. Für jugendliche Zuhörer wurden spezielle Abende organisiert. Ich wurde gebeten, an einigen dieser Abende die Vorträge zu halten. Ich nahm mir Zeit, aus verschiedenen Jugendbüchern spannende passende Geschichten zu erzählen. Doch die ungläubigen jungen Leute verstanden meine Botschaft nicht. Sie rebellierten öffentlich gegen meine mit viel Mühe und Angst vorbereiteten Vorträge. Am folgenden Abend erzählte ich dann aus meinem eigenen Leben, davon, was ich mit Gott erlebt hatte. Die Reaktion der Jugendlichen war nun nicht mehr ablehnend, sondern sie waren sehr offen und wollten noch mehr hören. Einige von ihnen öffneten ihre Herzen für die Botschaft des Wortes Gottes.

Ein weiteres Hindernis, das sich uns entgegenstellt, wenn wir das Evangelium weitersagen wollen, ist unsere *beschränkte Zeit*. Keine Zeit. Wir haben keine Zeit. Ich habe nur selten jemanden getroffen, der meinte, genug Zeit zu haben. Wir alle betrachten uns als viel beschäftigte Menschen. Und das sind wir auch. Unsere Tage sind ausgefüllt mit allen möglichen Dingen. Doch in Wirklichkeit ist unser Zeitproblem ein *Motivationsproblem*. Wenn wir motiviert sind, dann werden wir für vieles genügend Zeit finden.

1971 hatte ich das Vorrecht, als junger Missionar in Innsbruck eine Evangelisation mit Anton Schulte vorzubereiten. Anton Schulte war ein mutiger Zeuge für den Herrn. Durch ihn durfte ich damals bestätigt bekommen, dass das persönliche Zeugnis Großes bewirkt. Von persönlichen Erfahrungen geht in der Regel eine starke Wirkung aus, sei es im Gespräch im Zugabteil oder in einer Großveranstaltung. Das persönliche Erlebnis wirkt elementar und unmittelbar. Hier begegnet dem Zuhörer nicht Theorie, sondern Praxis. Alle menschlichen Erfahrungen müssen am Maßstab der Heiligen Schrift geprüft werden. Der Christ, der aufgefordert ist, von seinem Glauben Rechenschaft abzulegen, redet von sich selbst. Er macht eine verbindliche Aussage über das Wirken Gottes in seinem Leben, die außer ihm niemand sonst machen kann. Deshalb spricht er, obwohl er von sich selbst redet, letztlich von Gott.

Watchman Nee beschreibt in seinem Buch *Der normale Mitarbeiter* ein weiteres Hindernis, das wir überwinden müssen:

> *»Eine ernsthafte Schwierigkeit vieler Mitarbeiter ist der Mangel an Liebe zu den Menschen, mangelnde Achtung vor den Menschen und ein mangelndes Wissen um den Wert, den jeder Mensch in den Augen Gottes hat. Wir brauchen einen weiten Horizont. Unsere Liebe soll alle Menschen umschließen, denn alle Menschen sind für Gott wertvoll. Der Ausdruck ›Sohn des Menschen‹ beinhaltet das besondere Interesse des Herrn an uns Menschen. So sehr war ER an der Menschheit interessiert, dass ER selbst Mensch wurde. In welchem Maße sind wir an unseren Mitmenschen interessiert? Es ist eine betrübliche Sache, dass sich viele Kinder Gottes wenig um andere Menschen kümmern. Unser Bemühen, den Menschen das Evangelium zu predigen, ist zur Ergebnislosigkeit verurteilt, solange wir noch nicht von dem Wort ergriffen sind, dass Gott die Menschen geschaffen hat, damit wir ihnen als Mitmenschen begegnen.«*

Des Weiteren schreibt Nee:

> *»Jeder, der dem Herrn dienen will, muss sich die Gabe des Zuhörens erbitten, denn es geht nicht nur um ein oberflächliches Hinhören, sondern um ein aufmerksames Lauschen, um wirklich zu hören und zu verstehen, was der andere sagt und meint. Leider sind nur*

wenige Christen gute Zuhörer. Durch die Zuchtlosigkeit im Reden ist die Brauchbarkeit vieler Mitarbeiter im Reich Gottes gefährdet. Anstatt vollmächtige Werkzeuge zu sein, ist ihr Einsatz aufgrund des Kräfteverschleißes durch unkontrolliertes Reden oft nur von geringer Wirkung.«[18]

Wir erhielten einen Anruf eines Mannes, der dringend um ein Gespräch bat. Er befand sich in einer notvollen Lage. Nun saßen wir beide in meinem Büro, und er erzählte, was ihm auf dem Herzen lag. Als er länger als eine Stunde ununterbrochen alle seine Nöte ausgebreitet hatte, schlug es zwölf Uhr Mittag vom nahen Kirchturm. Sofort stand er auf, um zu gehen. Er bedankte sich herzlich dafür, dass ihm jetzt geholfen worden sei – und dabei hatte ich noch kein einziges Wort gesprochen.

---

18 Vgl. Nee, Watchman: *Der normale Mitarbeiter*, 3. Aufl., Bad Liebenzell: Verlag der Liebenzeller Mission, 1971, S. 29f.

Kapitel 6

Die Arbeit: Menschen gewinnen

Wir sollten mit Nichtchristen mehr Zeit verbringen als mit unseren christlichen Freunden. Einkäufe, Konzerte, Sport, Mahlzeiten, gemeinsames Studium und zahlreiche andere Aktivitäten können für das ewige Ziel eingesetzt werden. Viele Christen haben die Kunst der Freundschaft nicht gelernt, weil sie meinen, dass alle Zeit, die sie nicht in religiöse Aktivitäten investieren, verschwendet sei.

Als ich den Gärtnereibetrieb und Samenhandel meiner Eltern übernommen hatte, war ich besonders in den Wintermonaten – außer sonntags – täglich unterwegs, bei meiner Kundschaft. Nach geraumer Zeit ergaben sich einige freundschaftliche Beziehungen. Des Öfteren kam es vor, wenn die täglichen Samengeschäfte erledigt waren, dass ich mich mit einigen Familien verabredete, um mit ihnen gemeinsam die Abendstunden zu verbringen. Es ergaben sich viele gute Gespräche über den Garten und besonders über mein Leben mit Gott. Der Herr hat durch diese Hausbesuche Frucht für die Ewigkeit geschenkt.

Freundschaft entwickelt sich im Geben und Nehmen, deshalb müssen wir auch bereit sein, eine Einladung anzunehmen. Die Kunst, in nichtchristlicher Gesellschaft ein freundlicher Gast zu sein, ohne gleichzeitig Kompromisse zu machen, ist oft schwierig. Gibt es einen Menschen, dem ich die Liebe Christi beweisen könnte? Bin ich bereit, die Initiative zu ergreifen und ihm das Evangelium mitzuteilen, wenn der Geist Gottes die Gelegenheit schafft?

Sechs Grundsätze

Paul Little schreibt in seinem Buch *Weitersagen! Zeugnis geben – wie macht man das?*:

> *»Als unser Herr auf dieser Welt lebte, brauchte er natürliche Nahrung, um eine große Menschenmenge zu speisen, weil er wusste, dass sie Hunger hatten. Wenn wir seinem Beispiel folgen wollen, ist es einleuchtend, dass wir die Lebensbedingungen derer kennen, die um uns herum leben. Sind sie hungrig oder müde, gelangweilt, einsam, misshandelt, oder verstoßen? Wir müssen verstehen, was und wie sie denken, wie sie fühlen und was sie tun. Im Gespräch Jesu mit der samaritischen Frau am Brunnen in der Nähe von Sichar können wir einige praktische Grundsätze erkennen, wie man auf realistische und natürliche Weise über Gott reden kann. Anhand des Bibeltextes aus Johannes Kapitel 4 wollen wir nun*

einige dieser Grundsätze erarbeiten, wie der Herr Jesus selbst vorgegangen ist.«[19]

Zuerst der Text als Ganzes:

»Als nun der Herr erkannte, dass die Pharisäer gehört hatten, dass Jesus mehr Jünger mache und taufe als Johannes (obwohl Jesus selbst nicht taufte, sondern seine Jünger), verließ er Judäa und zog wieder nach Galiläa. Er musste aber durch Samaria ziehen. Er kommt nun in eine Stadt Samarias, genannt Sichar, nahe bei dem Feld, das Jakob seinem Sohn Joseph gab. Es war aber dort eine Quelle Jakobs. Jesus nun, ermüdet von der Reise, setzte sich so an der Quelle nieder. Es war um die sechste Stunde. Da kommt eine Frau aus Samaria, um Wasser zu schöpfen. Jesus spricht zu ihr: Gib mir zu trinken! (Denn seine Jünger waren weggegangen in die Stadt, um Speise zu kaufen.) Die samaritische Frau spricht nun zu ihm: Wie bittest du, der du ein Jude bist, von mir zu trinken, die ich eine samaritische Frau bin? (Denn die Juden verkehren nicht mit den Samaritern.)

Jesus antwortete und sprach zu ihr: Wenn du die Gabe Gottes kenntest und wüsstest, wer es ist, der zu dir spricht: Gib mir zu trinken, so hättest du ihn gebeten, und er hätte dir lebendiges Wasser gegeben. Die Frau spricht zu ihm: Herr, du hast kein Schöpfgefäß, und der Brunnen ist tief; woher hast du denn

19 Little, Paul: *Weitersagen! Zeugnis geben – wie macht man das?*, Wuppertal: Aussaat, 1973, S. 11f.

das lebendige Wasser? Du bist doch nicht größer als unser Vater Jakob, der uns den Brunnen gab, und er selbst trank daraus und seine Söhne und sein Vieh? Jesus antwortete und sprach zu ihr: Jeden, der von diesem Wasser trinkt, wird wieder dürsten; wer irgend aber von dem Wasser trinkt, das ich ihm geben werde, den wird nicht dürsten in Ewigkeit; sondern das Wasser, das ich ihm geben werde, wird in ihm eine Quelle Wassers werden, das ins ewige Leben quillt.

Die Frau spricht zu ihm: Herr, gib mir dieses Wasser, damit mich nicht dürste und ich nicht mehr hierherkomme, um zu schöpfen. Jesus spricht zu ihr: Geh hin, rufe deinen Mann und komm hierher! Die Frau antwortete und sprach zu ihm: Ich habe keinen Mann. Jesus spricht zu ihr: Du hast recht gesagt: Ich habe keinen Mann; denn fünf Männer hast du gehabt, und der, den du jetzt hast, ist nicht dein Mann; hierin hast du die Wahrheit gesagt. Die Frau spricht zu ihm: Herr, ich sehe, dass du ein Prophet bist. Unsere Väter haben auf diesem Berg angebetet, und ihr sagt, dass in Jerusalem der Ort sei, wo man anbeten müsse. Jesus spricht zu ihr: Frau, glaube mir, es kommt die Stunde, da ihr weder auf diesem Berg noch in Jerusalem den Vater anbeten werdet. Ihr betet an und wisst nicht, was; wir beten an und wissen, was; denn das Heil ist aus den Juden. Es kommt aber die Stunde und ist jetzt, da die wahrhaftigen Anbeter den Vater in Geist und Wahrheit anbeten werden; denn auch der Vater sucht solche als seine Anbeter. Gott ist ein Geist, und die ihn anbeten, müssen in Geist und Wahrheit anbeten.

Die Frau spricht zu ihm: Ich weiß, dass der Messias kommt, der Christus genannt wird; wenn er kommt, wird er uns alles verkündigen. Jesus spricht zu ihr: Ich bin es, der mit dir redet« (Johannes 4,1-26).

Grundsatz 1: Suche Kontakt

Nun wollen wir dem Herrn bei seiner Arbeit zuschauen und die Prinzipien herausfinden, die in diesem einen Gespräch mit der Samariterin zugrunde liegen. Wir wollen besonders darauf achten, wie wir sie im Umgang mit unseren Bekannten anwenden können.

»Er musste aber durch Samaria ziehen. Er kommt nun in eine Stadt Samarias, genannt Sichar, nahe bei dem Feld, das Jakob seinem Sohn Joseph gab. Es war aber dort eine Quelle Jakobs. Jesus nun, ermüdet von der Reise, setzte sich so an der Quelle nieder. Es war um die sechste Stunde. Da kommt eine Frau aus Samaria, um Wasser zu schöpfen« (Johannes 4,4-7).

Der erste Grundsatz fällt sofort auf: Wir müssen menschliche Kontakte mit Nichtchristen haben. Statt uns zurückzuziehen, sollten wir hinausgehen und Kontakte mit den Menschen in der Welt suchen. Wir müssen lernen, wie wir Freundschaften anfangen und aufbauen können und wie wir unseren Freunden in ihre Situation hinein das Evangelium liebevoll erklären können.

Grundsatz 2: Suche gemeinsame Interessen

Nun können wir uns dem zweiten Grundsatz zuwenden: Wir suchen als Brücke zu einer Begegnung etwas, das von gemeinsamem Interesse ist. In den folgenden Versen sehen wir die Brücke:

> *»Da kommt eine Frau aus Samaria, um Wasser zu schöpfen. Jesus spricht zu ihr: Gib mir zu trinken! (Denn seine Jünger waren weggegangen in die Stadt, um Speise zu kaufen)« (Johannes 4,7-8).*

Paul Little schreibt in seinem Buch:

> *»Wir Christen neigen dazu, alles zu verpönen, was Vorausschau und sorgfältige Einführung fordert. Wir möchten das unnötige Reden überspringen und gleich zum Kern der Sache kommen. Vorspiele sind Zeitverschwendung, denken wir. Wenn ich der Herr gewesen wäre, wäre ich wahrscheinlich gleich herausgeplatzt: ›Frau, weißt du, wer ich bin?‹ Unser Herr begegnet ihr nicht so. Er bezog sich auf etwas, an dem sie offensichtlich interessiert war (sie war zum Wasserholen gekommen). Nach und nach führte er das Gespräch von diesem vertrauten Ausgangspunkt zu einer geistlichen Realität, von der sie nichts wusste. Wenn wir Gott als Werkzeug dienen wollen, müssen wir sorgfältig und geduldig arbeiten: Gemeinsame Interessen entdecken und natürlich dort beginnen, wo die Interessen des anderen liegen. Später*

können wir mit Erfolg geistliche Themen erörtern. Mancher würde viel darum geben, um nur einen zu finden, der ihm zuhört. Wenn wir lange genug zuhören, lernen wir nicht nur diesen einen Menschen kennen und verstehen, wir werden auch seine Dankbarkeit gewinnen und er wird bereit sein, uns zuzuhören, wenn wir ihm später in seine Situation hinein etwas zu sagen haben.«[20]

Ein lieber Freund, der mich bei meinen Gartenvorträgen kennenlernte, war von Anfang an sehr begeistert von meinen Gebirgsaufnahmen. Er wollte mich unbedingt einmal mitnehmen in eine Gebirgsschlucht, wo das »Juwel« der Alpenwelt, die Frauenschuh-Orchidee, an einem verborgenen Platz hoch über einem Wasserfall blühte. Um vier Uhr in der Früh machten wir uns auf den Weg. Es war ein strahlend schöner Sommermorgen. Als die ersten Sonnenstrahlen in das enge Gebirgstal leuchteten, sahen wir vor uns in der Höhe die seltene Orchidee in voller Pracht. Dorthin wollte ich mit meiner Fotoausrüstung hinaufklettern, um einige Aufnahmen zu machen. Mein Freund war glücklich, dass er mir diese Freude bereiten durfte. So viele Orchideen an einem Fleck hatte ich noch nie zuvor gesehen. Auf meine ungeeigneten Schuhe in dieser momentanen Situation gab ich überhaupt nicht acht. Der steile Hang war mit Gras bewachsen und sehr feucht. Der Abstieg gestaltete sich für mich daher äußerst problematisch. Plötzlich rutschte ich aus und

---

20 Little, 1973, S. 11f.

sauste rücklings in die Tiefe. Dieses gemeinsame Erlebnis in Freud und Leid war für uns der Beginn einer echten Freundschaft.

Ein Schweinezüchter zeigte mir seine große Schweinezucht. Ich war sehr begeistert über die gesunden und sauberen Tiere. Mich interessierte alles, was ich zu sehen bekam. Der Bauer war sichtlich erstaunt über mein Interesse an seinen Schweinen. Wie froh war ich in jenem Moment, dass ich über Schweinehaltung Bescheid wusste und mich deswegen auch gut mit dem Bauern unterhalten konnte. Es kam mir in diesem Moment sehr gelegen, dass ich in meiner Kindheit zu Hause wertvolle Erfahrungen mit Schweinen machen durfte. Die Schweine boten mir die ideale Brücke zum Herzen des Bauern, um mit ihm über das Evangelium zu sprechen. Er und seine Frau wurden treue Nachfolger des Herrn.

Grundsatz 3: Wecke Interesse

In der Fortsetzung von Johannes 4 sehen wir, wie Jesus das Interesse und die Neugier der Frau mit zwei Mitteln weckt:

> *»Die samaritische Frau spricht nun zu ihm: Wie bittest du, der du ein Jude bist, von mir zu trinken, die ich eine samaritische Frau bin? (Denn die Juden verkehren nicht mit den Samaritern.)*
>
> *Jesus antwortete und sprach zu ihr: Wenn du die Gabe Gottes kenntest und wüsstest, wer es ist, der zu*

dir spricht: Gib mir zu trinken, so hättest du ihn gebeten, und er hätte dir lebendiges Wasser gegeben. Die Frau spricht zu ihm: Herr, du hast kein Schöpfgefäß, und der Brunnen ist tief; woher hast du denn das lebendige Wasser? Du bist doch nicht größer als unser Vater Jakob, der uns den Brunnen gab, und er selbst trank daraus und seine Söhne und sein Vieh? Jesus antwortete und sprach zu ihr: Jeden, der von diesem Wasser trinkt, wird wieder dürsten; wer irgend aber von dem Wasser trinkt, das ich ihm geben werde, den wird nicht dürsten in Ewigkeit; sondern das Wasser, das ich ihm geben werde, wird in ihm eine Quelle Wassers werden, das ins ewige Leben quillt.

Die Frau spricht zu ihm: Herr, gib mir dieses Wasser, damit mich nicht dürste und ich nicht mehr hierherkomme, um zu schöpfen« (Johannes 4,9-15).

Es ist faszinierend zu sehen, wie unser Herr die Neugierde dieser Frau entfachte und wie das kleine Feuer zu brennen begann, während er sie in ein Gespräch verwickelte. *Erstens* begegnete er ihr dort, wo sie war. *Zweitens* zeigte er Interesse für ihre Belange. Und jetzt bewirkte er durch sein Tun und seine Worte, dass sie auf ihn und seine Wahrheit einging. Wie können wir dem Vorbild des Herrn folgen und versuchen, die Aufmerksamkeit der Menschen zu wecken, sodass Gott sie durch uns zur Überzeugung und Entscheidung führen kann? Die Haltung, die wir anderen gegenüber einnehmen, die Art, wie wir auf verschiedene Umstände reagieren, die innere Ruhe und Gelassenheit, die uns aufrecht halten inmitten der Schwierigkeiten und Krisen, werden die Qualität unseres Lebens deutlich machen. Wenn wir uns nicht unterscheiden von den Menschen um uns her, dann müssen wir in der Gegenwart des Herrn erkennen, was uns fehlt, und ihn bitten, dass er uns gibt, was wir brauchen. Der Herr Jesus hat uns Salz der Erde genannt, denn durch unser Leben (weil er in uns lebt) wird er in den Menschen den Durst wecken nach ihm, dem lebendigen Wasser. Jeder von Gott zur Evangelisation gebrauchte Mensch, den ich bisher kennengelernt habe, hat eine Gabe, Menschen kennenzulernen, die interessiert sind.

Der eigentliche Grund, warum wir einige Jahre für jeweils drei bis vier Wochen im Juni Tage der offenen Tür in unserem Garten veranstalteten, war, suchende Menschen zu finden. Es dienten ja auch die Gartenvorträge diesem Ziel. An den Tagen der offenen Tür kamen die Besucher in kleineren Gruppen, und es bot sich die Gelegenheit, mit einzelnen Leuten auch über Glaubensfragen zu sprechen. Hauptsächlich waren es Menschen, die bereits den Garten- und Schöpfungsvortrag gesehen und gehört hatten, die zum Tag der offenen Tür kamen.

Grundsatz 4: Gehe nicht zu weit

Der nächste Abschnitt im Gespräch unseres Herrn weist auf den vierten und fünften Grundsatz hin: Gib einem

Menschen nur so viel von der Botschaft weiter, wie er anzunehmen bereit ist, und verurteile ihn nicht.

> *»Jesus spricht zu ihr: Geh hin, rufe deinen Mann und komm hierher! Die Frau antwortete und sprach zu ihm: Ich habe keinen Mann. Jesus spricht zu ihr: Du hast recht gesagt: Ich habe keinen Mann; denn fünf Männer hast du gehabt, und der, den du jetzt hast, ist nicht dein Mann; hierin hast du die Wahrheit gesagt. Die Frau spricht zu ihm: Herr, ich sehe, dass du ein Prophet bist« (Johannes 4,16-19).*

Obwohl sie offensichtlich interessiert und neugierig geworden war, erzählte ihr Jesus nicht alles auf einmal. Nach und nach, so wie sie es fassen konnte, offenbarte er mehr von sich. Erst als die Neugierde der Frau den Siedepunkt erreichte, gab er sich als Christus zu erkennen.

Sobald wir auch nur einen leisen Schimmer von Interesse in einem Nichtchristen entdecken, möchten viele von uns am liebsten losstürmen und das ganze Evangelium in einem Atemzug heraussprudeln, ohne auch nur auf die Reaktion des Zuhörers zu achten. Es könnte ja die letzte Gelegenheit sein, denken wir! Aber wenn wir auf die Kraft und Gegenwart des Heiligen Geistes vertrauen, bleiben wir im Gleichgewicht. Wenn in einem Menschen das Interesse eben erst zu erwachen beginnt, müssen wir behutsam damit umgehen, denn es ist am Anfang besonders zerbrechlich. Genauso wie man einen Vogel durch eine rasche Bewegung verscheucht, wird ihn unser Übereifer in die Flucht jagen. Wenn wir ihm dagegen mit Ruhe und

Gelassenheit begegnen, wird er umso eifriger nach der Quelle dieser ewigen Wahrheit fragen.

Eine Familie, die wir bei unserer Vortragsarbeit kennenlernen durften, war uns in kurzer Zeit sehr ans Herz gewachsen. Ihr liebes, zuvorkommendes Wesen empfanden wir als ein besonderes Geschenk. Wie gerne hätten wir diesen Leuten sofort das Evangelium erklärt! Es genügte mir anfänglich zu wissen, dass ihre Tochter und der Schwiegersohn als selbst noch junge Christen für ihre Eltern beteten. Später war die Familie – als begeisterte Ziehharmonika- und Orgelspieler – gern bereit, der Einladung zu einer Evangelisation Folge zu leisten. Das junge Sängerteam, das bei der Evangelisation mitwirkte, spielte auf verschiedenen Instrumenten und einer elektronischen Ziehharmonika. Voller Begeisterung besuchten unsere inzwischen lieben Freunde auch die weiteren Veranstaltungen. Der Herr öffnete ihre Herzen, und sie bekehrten sich.

Grundsatz 5: Verurteile nicht

Der Herr verurteilte die Frau nicht. Als sie ihm auf die Frage nach ihrem Mann antwortete, fühlte sie sich von der Sünde verurteilt. Auch zu jener anderen Frau, die beim Ehebruch ergriffen und von den selbstgerechten Pharisäern zu Jesus geschleppt wurde, sagte er: »*Auch ich verurteile dich nicht; geh hin und sündige nicht mehr!*« *(Johannes 8,11).*

Die meisten von uns sind schnell bereit zu verurteilen. Wir haben die irrige Vorstellung, dass wir eine Tat oder Haltung gutheißen, wenn wir sie nicht verurteilen. Aber dies war nicht die Absicht unseres Herrn.

Wie geht es in unserer Begegnung weiter?

»Unsere Väter haben auf diesem Berg angebetet, und ihr sagt, dass in Jerusalem der Ort sei, wo man anbeten müsse. Jesus spricht zu ihr: Frau, glaube mir, es kommt die Stunde, da ihr weder auf diesem Berg noch in Jerusalem den Vater anbeten werdet. Ihr betet an und wisst nicht, was; wir beten an und wissen, was; denn das Heil ist aus den Juden. Es kommt aber die Stunde und ist jetzt, da die wahrhaftigen Anbeter den Vater in Geist und Wahrheit anbeten werden; denn auch der Vater sucht solche als seine Anbeter. Gott ist ein Geist, und die ihn anbeten, müssen in Geist und Wahrheit anbeten. Die Frau spricht zu ihm: Ich weiß, dass der Messias kommt, der Christus genannt wird; wenn er kommt, wird er uns alles verkündigen. Jesus spricht zu ihr: Ich bin es, der mit dir redet« (Johannes 4,20-26).

Unser Herr ließ sich nicht durch zweitrangige Fragen von der Hauptsache ablenken, obwohl ihre Frage berechtigt war. Sie entspricht etwa der Frage, die heute viele Menschen bewegt: »Welche Religion ist die richtige?« Er ließ keinen Zweifel aufkommen, was (oder wer) die Hauptsache ist: *er selbst*.

Viele wertvolle, sich anbahnende Beziehungen werden durch unüberlegtes Argumentieren über die Religionen zerstört. Wir sollten es vermeiden, im Gespräch Kritik an der Kirche zu äußern. Im Grunde genommen hängt auch der bereits ausgetretene Katholik noch an der Lehre von Maria als Fürsprecherin fest. Warum? Weil die meisten Leute in Österreich von Kleinkind an in der Lehre der katholischen Kirche unterwiesen wurden. Was einem Kind in seine Seele eingeprägt wird, kann in späteren Jahren nur sehr schwer entfernt werden. Nimm niemandem etwas weg, was ihm heilig und wichtig ist. Gib ihm vielmehr etwas, das *kostbarer* ist als das, was er hat. Wenn wir einem interessierten Menschen sagen, was in seiner Kirche falsch ist, wird er sich bald von uns abwenden. Seien wir sehr weise in all den Fragen, was die Lehre der katholischen Kirche anbelangt. Später, wenn wir unsere Freunde für den Herrn gewonnen haben, können diese Fragen aufgearbeitet werden.

Eine fleißige Bauersfrau, die wir kennengelernt hatten, interessierte sich sehr für Glaubensfragen. Bei Hausbesuchen und Telefongesprächen ging es stets um Fragen des Glaubens. Einmal, als sie uns besuchte, zeigten wir ihr unseren eben gerade neu eingerichteten Versammlungsraum in unserem Mietshaus. In dem Raum befanden sich eine Anzahl Klappstühle, eine Kanzel und ein Kreuz an der Wand. Noch bevor ich die Einladung aussprechen konnte, doch unsere nächste Bibelrunde in diesem Raum zu besuchen, sagte die Frau in abweisendem Ton: »Dann seid ihr also doch eine Sekte« – und die Freundschaft, die wir mit viel Liebe aufgebaut hatten, war augenblicklich beendet. Unser unweises Vorgehen tat uns sehr leid.

Einige Monate später war eine Evangelisation im Nachbarort. Ich rief die Frau an und lud sie ein, doch die Vorträge zu besuchen. Sie lehnte mit der Begründung ab, dass, wenn sie kommen würde, sie die ganze Zeit nur schlafen würde. »Oh«, sagte ich zu ihr, »bitte kommen Sie doch, Ihnen erlaube ich, während des ganzen Vortrages zu schlafen.« Und sie kam, schlief nicht ein, hörte das Evangelium und bekehrte sich. Mit großer Freude besuchte sie mit ihrer Familie, die auch zum Glauben kam, die Versammlungen in unserem einfach eingerichteten Saal.

Grundsatz 6: Konfrontiere sie/ihn

> *»Jesus spricht zu ihr: Ich bin es, der mit dir redet« (Johannes 4,26).*

Als Jesus der Frau erklärte, dass er der Messias sei, erreichte er den entscheidenden Punkt. Das gilt auch für uns: Ob wir nun ganz schnell oder über eine längere Zeit hinweg eine Brücke der Freundschaft aufgebaut haben – einmal müssen wir diese Brücke doch überschreiten und den anderen unmittelbar mit dem Herrn Jesus konfrontieren, sodass er seine persönliche Verantwortung wahrnimmt und sich entscheidet, für oder gegen ihn.[21]

---

21 Vgl. Little, 1973, S. 26–48.

Die Kunst vom Seelengewinnen

Der direkte Weg zum Herzen eines Menschen führt über jene Dinge, die dem Betreffenden besonders am Herzen liegen. Das erfordert von uns, dass wir aufmerksame Beobachter und Zuhörer sind. Die Aufmerksamkeit, die wir dem Nächsten widmen und das Verständnis für alles, was ihm wichtig ist, wird ihn beeindrucken. Was wollen denn die Menschen überhaupt? Sie wollen Gesundheit und ein langes Leben, Schönheit, gutes Essen, Sport und Spaß und vieles mehr. Wenn wir bedenken, wie wichtig es für viele Menschen ist, ihr Körpergewicht im Griff zu haben, wie viel Aufwand und Mühe einzelne Menschen in ihre Gesundheit investieren, stimmt das doch sehr nachdenklich.

Jim Petersen schreibt in seinem Buch *Der lebende Beweis – Evangelisation als Lebensstil*:

> *»Die westliche Welt geht gegenwärtig durch einen gesellschaftlichen Prozess des Umbruchs, der eine nicht geringe Herausforderung für alle darstellt, die verstehen möchten, was da vorgeht. […] Veränderungen haben die Tendenz, von uns überhaupt nicht bemerkt zu werden, während wir so weiterleben wie bisher. Aber um des Missionsbefehls Jesu willen ›Geht hin in alle Welt‹ können wir uns das nicht leisten. Wir Christen haben den Auftrag, Mitarbeiter Gottes in dieser Welt zu sein. Wir müssen deshalb versuchen, unsere Zeit zu verstehen; denn die Menschen, die wir erreichen wollen, werden von diesen Zeitströmungen mitgerissen. Wenn es uns nicht gelingt, diese Wahr-*

heit zu verstehen, werden wir auch zu keiner wirksamen Kommunikation fähig sein. Dann sprechen wir mit den Menschen so, als wären sie noch die gleichen, die sie früher einmal waren. Wir dürfen die Entwicklungen von heute nicht verschlafen!«[22]

»Wir wissen, dass sich Menschen in ihrem Verhalten verändern, wenn ein gesellschaftlicher Wandel stattfindet. Dies kann für Christen, die gegen den Strom schwimmen und sich von dieser Veränderung nicht erfassen lassen, sehr beunruhigend sein. Wir sind von Menschen umgeben, die uns nicht mehr verstehen. […] Wenn wir uns zu wenig bemühen, den anderen wirklich zu verstehen, kommt uns die Kommunikation abhanden. Wie sehen die säkularisierten Menschen unserer Zeit nun wirklich aus? Was unterscheidet sie von den Menschen früherer Generationen? Inwiefern unterscheiden sie sich von ihren christlichen Zeitgenossen?«[23]

»Es ist verblüffend, dass sich Menschen so sehr von ihrer Gesellschaft formen und prägen lassen. Es stimmt zwar, dass dieser Vorgang unbewusst abläuft, aber diese starke Empfänglichkeit wirft eine Frage auf. Was veranlasst den Menschen, blindlings die Werte und Charaktermerkmale der Menschen seiner Umgebung anzunehmen, auch wenn diese Werte ganz unvernünftig und zerstörerisch sind? Könnte man dies nicht auf die sündige Natur des Menschen

22 Petersen, Jim: *Der lebende Beweis – Evangelisation als Lebensstil*, Marburg an der Lahn: Francke, 1991, S. 20f.

23 Petersen, 1991, S. 36.

zurückführen? In Römer 1 wird uns gesagt, dass Menschen ihre Fähigkeit verlieren, vernünftig zu denken, wenn sie sich von Gott loslösen, um auf eigene Faust zu leben.

›... weil sie, Gott kennend, ihn weder als Gott verherrlichten noch ihm Dank darbrachten, sondern in ihren Überlegungen in Torheit verfielen und ihr unverständiges Herz verfinstert wurde. Indem sie sich für Weise ausgaben, sind sie zu Toren geworden‹ (Römer 1,21-22).«[24]

Der Evangelist macht die Erfahrung, dass durch die zunehmende Säkularisierung unserer Gesellschaft viele Menschen das Wort Gottes nicht mehr kennen. Es benötigt einen längeren Zeitraum als noch vor zehn oder zwanzig Jahren, um dem Hörer das Evangelium so zu erklären, dass er es verstehen kann. Der Botschafter muss sich heute besonders bemühen, das Evangelium für die Menschen unserer Zeit verständlich zu erklären.

Der Evangelist Charles Haddon Spurgeon schreibt:

»Seelengewinnen ist das Hauptgeschäft des christlichen Predigers; eigentlich müsste es das Hauptanliegen jedes wahren Gläubigen sein. Jeder von uns sollte mit Simon Petrus sprechen: ›Ich will hin fischen gehen‹; und mit Paulus sollte unser Ziel sein, ›dass ich allenthalben ja etliche selig mache‹.«[25]

---

24 Petersen, 1991, S. 43f.

25 Spurgeon, Charles H.: *Ratschläge für Seelengewinner*, 2. Aufl., Wuppertal: Verlag der Evangelischen Gesellschaft für Deutschland, 1987, S. 9.

Was kostet es, ein Seelengewinner zu sein? Bei einer Gebetstunde sagte Spurgeon:

> *»Ich möchte ein Wort mit euch reden, die ihr versucht, Seelen zu Jesus zu bringen. Ihr wünscht und betet, dass ihr nützlich sein möchtet; wisst ihr, was dieses mit sich bringt? Seid ihr gewiss, dass ihr es wisst? Dann seid bereit, viele Dinge, mit denen ihr lieber nicht bekannt sein möchtet, zu sehen und zu erleiden.«*[26]
>
> *»Ein Schlüssel öffnet eine Tür, weil er in das Schloss hineinpasst; eine ernste Ansprache rührt das Herz, weil sie für den Zustand dieses Herzens passt. Ihr und ich müssen in allerlei Lagen und Formen hineingebracht werden, um für alle Arten Gemüter und Herzen zu passen.«*[27]

Ein Freund von mir, ein Verkündiger des Evangeliums, war mit seinem Missionszelt in einem Bauerndorf stationiert. Die Einwohner dieser Ortschaft waren wegen des »Sektenzeltes«, wie sie es nannten, sehr erbost. Sie wollten die Vorträge nicht besuchen. Mein Freund betete zum Herrn, dass er ihm Weisheit schenken möge, das Richtige zu tun. Am nächsten Morgen stand er sehr früh auf, zog seine Arbeitskleider an und ging zum nächstgelegenen Bauern und bot seine Hilfe an. Er arbeitete mit großem Eifer. Wie ein Lauffeuer verbreitete sich dieses gute Werk des »Sektenpredigers«

26 Spurgeon, 1987, S. 134.
27 Spurgeon, 1987, S. 137.

im ganzen Dorf. Die Folge war, dass die Leute zur Evangelisation kamen und der Herr wunderbare Frucht durch Bekehrungen schenkte.

»Die Frucht des Gerechten ist ein Baum des Lebens, und der Weise gewinnt Seelen« (Sprüche 11,30).

Spurgeon schreibt weiter:

> *»Wir sollten die christliche Gemeinde nicht als ein luxuriöses Hotel betrachten, in dem christliche Herren, jeder gemütlich in seinem eigenen Zimmer, wohnen können, sondern als eine Baracke, in der Soldaten zusammen leben, um eingeübt und für den Krieg herangebildet zu werden. Wir sollten die christliche Gemeinde nicht ansehen als eine Gesellschaft für gegenseitige Bewunderung und Tröstung, sondern als ein Heer mit Bannern, das zum Kampfe zieht, um Siege für Christus zu gewinnen, die Festungen des Feindes zu stürmen und Provinz auf Provinz zu des Erlösers Reich hinzuzufügen. […] Wenn wir, die Christus als Saatkorn gebraucht, nur alle ausgestreut und gesäet wären, wie wir es sein sollten, und alle aufsprossten und den grünen Halm und das Korn in der Ähre hervorbrächten, was für eine Ernte würde das geben!«*[28]

28 Spurgeon, 1987, S. 147f.

Es war in der Zeit zwischen 1976 und 1980, als wir mit der kleinen Pongauer Gemeinde, mit Jung und Alt, Straßenversammlungen organisierten. Dies erforderte von jedem Einzelnen viel Mut und führte auch zur gegenseitigen Ermutigung. In der Öffentlichkeit ein Zeugnis für den Herrn abzulegen, war eine Bereicherung für das persönliche Leben jedes Einzelnen mit dem Herrn.

Theodor Epp hat das Vorwort für Dawson Trotmans Schrift *Für andere leben* verfasst. Hierin ist zu lesen:

> *»Im Sommer des Jahres 1955 hatte ich das Vorrecht, Dawson Trotman, den Leiter der ›Navigatoren‹ kennenzulernen. Ich freute mich nicht nur über seinen Blick für das Seelengewinnen, sondern auch über die Art und Weise, wie Gott diesen Mann gebrauchte, eine Methode einzuführen, wie man zuerst einen Menschen gewinnt und ihn dann lehrt, wie man andere gewinnen kann. Auf diese Weise wird der Dienst vielfältiger ... Im Laufe der Jahre habe ich die ›Navigatoren‹ kennengelernt, die entweder von Dawson Trotman oder einem Schüler gelehrt wurden. Ich habe festgestellt, dass es gewöhnlich Menschen mit einer glühenden Retterliebe waren, die über eine gute Kenntnis der Schrift verfügten und sich in ihrem persönlichen Leben als Christen auszeichneten.«*[29]

29 Zitiert in: Trotman, Dawson: *Für andere leben*, Leun: Herold, 1974, S. 7.

Die »Navigatoren« sind eine internationale Bewegung, die sich in Missions- und Nacharbeit der Methode des Auswendiglernens von Bibelversen bedient.

Trotman schreibt:

> *»Meine Frau und ich machten Jesaja 60,11 – ›Deine Tore sollen stets offen stehen und weder Tag noch Nacht zugeschlossen werden‹ – zum Motto unseres Hauses. Wir heirateten an einem Sonntag, und am folgenden Mittwoch öffneten wir unser Haus. Es dauerte nicht lange, bis der erste Matrose den Herrn annahm. Seit dieser Zeit haben Menschen aus allen 48 Staaten in unserem Haus den Herrn gefunden. In einem Zeitraum von sechs Monaten waren wir selten beim Frühstück oder Abendessen allein, weil die Matrosen da waren. Ich glaube von ganzem Herzen, dass eines der größten Seelengewinnerzentren auf der Welt das eigene Heim ist.«*[30]

Was wir von Familie Trotman gelesen haben, erlebten Esther und ich in ähnlicher Weise. Seit unserer Hochzeit 1973 haben wir viele Gäste beherbergt. Einige unserer Gäste durften in unseren Mietshäusern den Herrn finden.

In unseren Wohnungen gingen viele Gäste ein und aus. Während des gemeinsamen Austauschs über Fragen und Probleme des Alltags erwähnten einige Gäste, dass sie sich bei uns wohlfühlten. Wenn die Gäste sagten: »Es ist eine

30 Trotman, 1974, S. 33f.

Wohltat, bei euch zu sein«, war für uns klar, dass diese Besucher unsere aufrichtige Liebe ihnen gegenüber spürten und darüber erfreut waren. In einer Atmosphäre der Annahme und Liebe öffnen sich Gäste auf ungezwungene Weise für das Evangelium. Unsere Häuser und Wohnungen sollten Oasen der Liebe und Freundlichkeit sein.

> *»Tut alles ohne Murren und zweifelnde Überlegungen, damit ihr untadelig und lauter seid, unbescholtene Kinder Gottes inmitten eines verdrehten und verkehrten Geschlechts, unter dem ihr scheint wie Lichter in der Welt, darstellend das Wort des Lebens« (Philipper 2,14-16).*

> *»Ihr seid das Licht der Welt; eine Stadt, die oben auf einem Berg liegt, kann nicht verborgen sein. Man zündet auch nicht eine Lampe an und stellt sie unter den Scheffel, sondern auf den Lampenständer, und sie leuchtet allen, die im Haus sind. Ebenso lasst euer Licht leuchten vor den Menschen, damit sie eure guten Werke sehen und euren Vater, der in den Himmeln ist, verherrlichen« (Matthäus 5,14-16).*

Ein Christ, der ein Licht sein will, lebt mit seinem ganzen Sein, so wie er ist und sich gibt, als ein einfühlsamer, liebevoller und rücksichtsvoller Mensch, der sich geleitet weiß durch den Heiligen Geist, wann der richtige Zeitpunkt gekommen ist, die gute Saat des Evangeliums auszustreuen.

»… die gelegene Zeit auskaufend. Euer Wort sei allezeit in Gnade, mit Salz gewürzt, so dass ihr wisst, wie ihr jedem Einzelnen antworten sollt« (Kolosser 4,5-6).

Wenn wir Freunde gewinnen wollen, dann müssen wir etwas tun, etwas, das von uns Zeit, Mühe, Selbstlosigkeit und Aufmerksamkeit fordert.

Trotman schreibt weiter:

»Überall, wo du einen Christen findest, der keine Menschen zu Christus führt, ist etwas nicht in Ordnung. Er ist vielleicht noch ein Baby. Ich meine damit nicht, dass er nicht lehrmäßig eine Menge weiß und durch das Hören guter Predigten genügend informiert ist. […]

Ich kenne einen Matrosen, der schon lange Urgroßvater war, als er erst vier Monate alt war im Herrn. Er hatte einige Matrosen zum Herrn geführt, die wiederum andere Matrosen zum Herrn führten, und auch die letzten führten wieder andere Matrosen zum Herrn. […]

Vor einiger Zeit sprach ich mit 29 Missionskandidaten, die Universitäten, Bibelschulen oder Seminare besucht hatten. Als Mitglied der Prüfungskommission befragte ich jeden einzelnen im Verlauf von fünf Tagen und nahm mir für jeden Kandidaten eine halbe bis eine Stunde Zeit. Unter den Fragen, die ich ihnen stellte, waren zwei sehr wichtig. Die erste betraf ihre Gemeinschaft mit dem Herrn. ›Wie steht um Ihre Gemeinschaft mit dem Herrn?‹, fragte ich sie. ›Wie sieht es mit der Zeit aus, die Sie mit dem Herrn verbringen?‹ […] Die andere Frage, die ich ihnen stellte, lautete: ›Sie gehen aufs Missionsfeld. Sie hoffen, vom Herrn gebraucht zu werden, indem Sie Menschen zu Christus führen. Stimmt das?‹ ›Ja.‹ ›Sie möchten, dass diese Menschen innerlich weiterkommen und ein Siegesleben führen, nicht wahr? […] Darf ich dann noch etwas fragen? Wie viele Menschen kennen Sie heute mit Namen, die durch Sie für Christus gewonnen wurden und für ihn leben?‹ Die meisten mussten zugeben, dass sie bereit waren, einen Ozean zu überqueren, eine Fremdsprache zu lernen, aber noch nicht ihre erste Seele gewonnen hatten, die nun auch für Jesus lebte.«[31]

Wenn wir heute in vielen Gemeinden ähnliche Fragen stellen würden wie: Wie viel Zeit nimmt sich jeder Einzelne für den Herrn? Wie viel Zeit verwendet ein jeder täglich für Hobbys, Fernsehen und Internet? Würden uns nicht viele Antworten traurig stimmen? Wenn wir aber weiter fragen würden: Wie viele Menschen habt ihr für den Herrn gewonnen? Wie viele von diesen Menschen sind heute noch treue Nachfolger des Herrn? Müssten wir nicht auch unendlich traurig sein über die Antworten? Es ist wichtig, dass wir uns über solche Fragen Gedanken machen. Der Fluch unserer Zeit ist, dass wir zu beschäftigt sind. Ich spreche nicht davon, dass wir arbeiten, um Geld zu verdienen, um die nötige Nahrung kaufen zu kön-

31 Trotman, 1974, S. 52.

nen. Ich spreche darüber, dass wir zu beschäftigt sind mit *christlichen* Dingen. Wir haben geistliche Aktivitäten mit wenig Produktivität. Produktivität ist eine Folge dessen, was wir Nacharbeit nennen. »Gott, gib mir einen Menschen, den ich für Christus gewinnen kann, oder lass mich jemanden finden, der bereits gewonnen ist, der ein Gotteskind ist.« Nun gilt es, diesen auszubilden, dass auch er andere Menschen für Jesus gewinnen kann.

In meinem missionarischen Dienst war ich oft in ganz Österreich unterwegs. Es war für mich eine Freude, wenn Anhalter mit mir fuhren.

Als ich nach einem kurzen Aufenthalt an der Raststätte in Großram an der Westautobahn Richtung Westen fahren wollte, stand dort eine Anhalterin, die per Handzeichen wünschte, mitgenommen zu werden. Es dauerte nicht lange, so waren wir in ein intensives Gespräch verwickelt. Es begann alles mit dem Wetter, dann über die Berge usw. Mein Wunsch und Gebet war jedoch, dass der Herr es schenken möge, über ewige Dinge zu sprechen. Irgendwann in unserer angeregten Unterhaltung konfrontierte ich die Studentin mit der Frage, worin eigentlich der Sinn ihres Lebens bestünde. Sie solle mir diese Frage beantworten. Nach einer geraumen Zeit des Schweigens meinte sie sehr energisch, dass es verrückt sei, ihr eine solche Frage zu stellen. Der eigentliche Wahnsinn sei aber, dass sie keine Antwort geben könne. Eine junge Studentin war also nicht in der Lage, auf diese entscheidend wichtige Frage eine Antwort zu geben. Plötzlich fragte sie mich, ob ich denn diese Frage beantworten könne. Nun war der Zeitpunkt für mich gekommen, über mein Leben mit dem Herrn Jesus zu berichten. Die Studentin war so sehr angesprochen über das Gehörte, dass sie immer mehr darüber erfahren wollte, wie ein Leben mit Gott praktisch aussieht. Damit die Fahrt nicht zu schnell zu Ende gehen würde, drosselte ich die Geschwindigkeit. Am Ende der gemeinsamen Fahrt fragte diese Anhalterin, ob sie ihr Leben dem Herrn Jesus anvertrauen dürfe. Was für eine Freude für mich! Ein junger Mensch hatte den Sinn seines Lebens gefunden!

Ich war von Bischofshofen nach Saalfelden unterwegs. In Sankt Johann im Pongau nahm ich einen jungen Anhalter mit. Ich hörte mir gerade eine Kassette mit einer evangelistischen Predigt an. Ich fragte den Anhalter, ob es ihm recht sei, mit mir diese Predigt anzuhören. Bereits in Schwarzach, einige Kilometer nach Sankt Johann im Pongau, bat er mich, die Kassette auszuschalten, und wenn ich dazu nicht bereit wäre, würde er lieber aussteigen. Was dieser junge Mann wohl zum ersten Mal in seinem Leben hörte, war für ihn eine totale Überforderung. Ich schaltete das Gerät aus. Dann erzählte ich ihm einige Begebenheiten aus meinem Leben. Offensichtlich waren es meine Erzählungen, die sein Herz bewegten. In Saalfelden angekommen, wusste ich, dass es zu früh war, den Anhalter aussteigen zu lassen. Ich entschloss mich, nach Lofer zu fahren. In Lofer angekommen, war dieser junge Mann bereit, sein Leben dem Herrn Jesus anzuvertrauen. Bei der Verabschiedung wünschte er, die Kassette mit der evangelistischen Predigt mitnehmen zu dürfen.

Trotman schreibt:

> *»Du kannst in einer Zeit von zwanzig Minuten bis zu einigen Stunden einen Menschen zu Jesus führen. Aber es dauert zwanzig Wochen bis viele Jahre, bis er geistlich reif wird und Sieg über Sünde und die immer wieder auftretenden Probleme bekommt. Er muss lernen, wie er die rechten Entscheidungen zu treffen hat. […] Wenn du einen Mann gewonnen hast, hast du deinen Dienst verdoppelt – ja, du hast ihn mehr als verdoppelt. Weißt du warum? Wenn du deinen Mann unterrichtest, sieht er, wie man es macht, und er ahmt dich nach.«*[32]

Reinhold Eichinger und Christoph Windler, die beide in Österreich arbeiten, schreiben, dass es eine tiefgründige Sache sei, die Herzen der Österreicher zu erreichen. Mit dem Herzen ist zunächst die Ebene der Gefühle und die Ebene des Gemüts gemeint. In der Bibel wird das Herz als das Zentrum der Persönlichkeit betrachtet. Das Herz zu erreichen, bedeutet also, die Menschen dort anzusprechen, wo sie die Entscheidungen treffen. Wer als Botschafter Gottes die Herzen der Österreicher ansprechen und gewinnen will, muss diese Herzen kennen. Das schließt die Kenntnis der Mentalität, der Werte, der Gefühle, der religiösen Einstellungen, der aktuellen Lebensfragen und der Interessen der Österreicher mit ein. Dabei sollte der Missionar nicht nur wissen, was ihnen wichtig und heilig ist.

---

32 Trotman, 1974, S. 73.

Er muss auch verstehen, wie Veränderungen im persönlichen Bereich geschehen, wie die Menschen Entscheidungen treffen, wie und von wem sie sich beeinflussen lassen. Der Missionar versteht die Herzen der Menschen dann, wenn er die Geschichte, die Kultur, die Religion und die Sprache versteht – oder wenigstens zu verstehen versucht. In jedem Bundesland gibt es genug Literatur über die Geschichte und Kultur der dort lebenden Menschen.[33]

Wir waren in einigen Bundesländern zur Gemeindegründung unterwegs. Dabei besorgte ich mir stets Literatur über das jeweilige Bundesland, in das wir umzogen. Der Schweizer Missionar ist in Österreich beliebt. Das war ein Plus für uns als Familie, das wir zu schätzen wussten. Deswegen hatte ich in der Zeit von 1970 bis 1980 in meiner Heimatgemeinde die Leitung der »Vereinigung Freier Missionsgemeinden« gebeten, man möge junge Leute für die Missionsarbeit in Österreich motivieren. Später war es mein besonderes Anliegen, Österreicher für den Dienst in ihrem Land heranzubilden.

Ohne Zweifel, der Zugang zu den Herzen geschieht über die *Liebe*. Die Liebe beinhaltet unter anderem folgende Aspekte: die Österreicher in ihrer Welt, mit ihrer Identität und psychischen Verfassung anzunehmen und auch ernst

33 Vgl. Eichinger, Reinhold / Windler, Christoph: *Handbuch für Missionare in Österreich. Hintergrundinformationen für die Verbreitung und Durchführung eines wirkungsvollen Dienstes*, Wien: BEGÖ, 1999, S. 119–126.

zu nehmen. Weiter muss man den Menschen mit Achtung und Wertschätzung begegnen. Die Österreicher zu lieben, bedeutet, sie zu achten und zu schätzen, sich für sie zu interessieren. Wenn der Missionar sich aus ehrlichem Herzen für die Menschen, ihr Leben, ihre Anliegen, ihre Interessensgebiete und ihre Sorgen interessiert, werden sie ihm auch ihrerseits ihr Leben öffnen. In Österreich beschäftigen sich die meisten Menschen mit dem Evangelium durch die Vermittlung einer Person, zu der sie Vertrauen haben. Auch im Zeitalter der Massenmedien kann die frohe Botschaft die Herzen der Österreicher fast ausschließlich über den Weg einer gläubigen Person erreichen. Keine Strategie, keine groß angelegten Aktionen und keine Massensendungen können die Bedeutung einer gläubigen Person bei der Evangelisation ersetzen. Die eigene Person ist für jeden Missionar die beste Möglichkeit, die Herzen der Österreicher zu erreichen. Das stellt hohe Anforderungen an ihn und sein Leben. Ganz praktisch bedeutet das, dass der Missionar Gelegenheiten schaffen muss, bei welchen sein Leben und natürlich auch das Leben der ganzen Familie beobachtet werden kann. Die Menschen beobachten alles! Sie sehen, wie man in der Familie miteinander umgeht, wie man Probleme anpackt, wie der Haushalt geführt wird. Die Familie des Missionars muss bewusst transparent sein. Erst wer in die Wohnung oder das Haus eines Menschen kommt, ist auf dem Weg zu einer tragfähigen Beziehung. Die Wohnung ist ein Intimbereich. Normalerweise lädt man nur besondere Leute aus dem Bekannten- und Freundeskreis in die eigene Wohnung ein.

Eine liebe befreundete Familie aus der Schweiz ermöglichte es unserer Familie, unseren Urlaub in der schönsten Region des Berner Oberlandes in ihrem ›Chalet‹ zu verbringen. Einen schöneren Urlaub kann man sich kaum vorstellen. Wir nutzten diese Tage auch ganz besonders, um allen unseren lieben interessierten Freunden in Österreich eine Ansichtskarte mit persönlichen Worten zu senden. Es war beeindruckend für uns zu sehen, welche Freude diese persönlichen Grüße ausgelöst haben. Gerade dies ist bei vielen Österreichern ein sehr wertvolles Liebeszeichen. Viele Familien haben über einen längeren Zeitraum die Karten gesammelt.

Noch heute laden wir die Leute zu allen unseren evangelistischen Vorträgen mit Briefen ein. Das Besondere an diesen Briefen ist ein schönes, selbst fotografiertes Landschafts- oder Blumenbild, welches von unseren Vortragsbesuchern vielfach als Zeichen der Freundschaft gewertet wird. Viele Leute hier im Burgenland sammeln alle diese persönlichen Briefe. Ein persönlicher Brief, die Adresse mit der eigenen Handschrift geschrieben und wenn möglich mit einer schönen Sondermarke, wird heute im Computerzeitalter vom Empfänger sehr geschätzt.

Reinhold Eichinger und Christoph Windler denken, dass viele Österreicher der ausgesprochenen Herzlichkeit und Liebe der Missionare ihr geistliches Leben verdanken. Mit großer Achtung und mit begeisternden Worten geben sie immer wieder Zeugnis davon. Jeder Missionar kann die Herzen der Österreicher erreichen! Dazu sind nicht ausgeklügelte Programme und Aktionen notwendig, sondern ein Herz, das die Menschen in Österreich liebt. Es gibt viele einfache Wege zu den Menschen. Die eigene Persönlichkeit ist alles, was eine Person ausmacht: die innere Grundstruktur, der Charakter, die Begabung, das seelische und geistliche Leben, die Ausstrahlung, die Stärken und Schwächen. Die Vielfalt der Persönlichkeit ist für die Vielzahl verschiedener Situationen und Aufgaben geradezu notwendig. Da die eigene Persönlichkeit den bedeutendsten Faktor für den Dienst darstellt, ist es für den Missionar eine wichtige Aufgabe, für die weitere Entwicklung und Reife seiner Persönlichkeit zu sorgen. Die eigene Persönlichkeit ist das größte Kapital, das der Missionar besitzt. Er führt seinen Dienst nicht mit den Mitteln des Geldes, der Macht, der Position oder des Könnens aus, sondern in erster Linie mit den Mitteln seiner Persönlichkeit.[34]

Als Kind und Teenager lernte ich einige Missionare kennen, die mein Leben positiv beeinflussten. Es waren Persönlichkeiten von besonderem Charakter. Ihr Eifer für das Werk des Herrn und ihre Liebe zu den ungläubigen Menschen motivierten mich zur Nachahmung. Auch die Literatur vieler Persönlichkeiten beeinflusste mein Leben nachhaltig. Den größten bleibenden Eindruck durfte ich erfahren, wenn solche Persönlichkeiten unsere Gäste waren. Mich interessierten ihr Umgang mit dem Herrn und ihr Eifer für das Werk der Mission.

34 Vgl. Eichinger/Windler, 1999, S. 236–264.

Seit 1973 beherbergten wir jedes Jahr junge Leute, die in der Missionsarbeit mithalfen. Es waren hauptsächlich Bibelschulabsolventen, die bei uns ein Praktikum machten. Einige dieser jungen Leute waren zwei bis drei Monate oder sogar ein bis zwei Jahre bei uns. Diese jungen Leute hatten also die Gelegenheit, sowohl uns als Missionarsfamilie als auch unseren Dienst kennenzulernen. Wenn Jugendgruppen oder Praktikanten zur Mitarbeit zu uns kamen, legten wir Wert darauf, dass sie in unserem Mietshaus wohnen durften. Sie gehörten gewissermaßen zur Familie. Sie aßen mit uns. Gemeinsam hielten wir Stille Zeit mit Bibellese und Gebet. Wir waren wie eine Großfamilie, die alles gemeinsam teilte. Freude am Dienst und auch Frust durch den Dienst, alles wurde gemeinsam erlebt. Für uns als Familie brachten solche Zeiten oft auch den Verzicht auf manche Bequemlichkeiten. Im Ganzen gesehen waren sie jedoch ein besonderer Segen für Esther und mich und unsere Kinder.

Bekanntlich gibt es eine ganze Reihe von Werkzeugen, die einem helfen sollen, sich selbst kennenzulernen. Für eine erste Bewertung kann es hilfreich sein, diese Hilfsmittel zu benutzen. Der Missionar muss sich über längere Zeit und in verschiedenen Situationen selbst beobachten und ganz ehrlich alles festhalten, was er entdeckt. Sich selbst kennenlernen muss zur *Arbeit* an sich selbst führen. Das Ziel dabei ist, in das Bild Christi umgewandelt zu werden.

Veränderungen sind insbesondere im Bereich des Charakters und bei schlechten Verhaltensmustern notwendig. Wenn ein Mitarbeiter seine schlechten Charaktereigenschaften und Verhaltensmuster verteidigt und seine Prägung durch das Elternhaus mit vielen negativen Erfahrungen rechtfertigt, ist das falsch. Jeder schwierige Charakter kann mit der Hilfe des Heiligen Geistes zum Guten verändert werden. Wenn sich ein Mitarbeiter nicht verändern lassen will, wie kann er dann ein Vorbild für seine Mitmenschen sein, die sich bekehren und bei denen eine Veränderung ihres Charakters erforderlich ist? Zwischen der eigenen Persönlichkeit, den Aufgaben und dem Dienstumfeld sollte ein Gleichklang bestehen, damit ein effektiver und fruchtbarer Dienst geschehen kann. Wenn zum Beispiel jemand eine gute Jugendarbeit macht, so liegt es eben auch daran, dass der Mitarbeiter eine Persönlichkeit besitzt, die junge Menschen anspricht.

Es geht also darum, die Haupttätigkeit und die Rahmenbedingungen des Dienstes mit der eigenen Persönlichkeit abzustimmen. Die Arbeit an der eigenen Persönlichkeit mit dem Ziel, Christus immer ähnlicher zu werden, ist von überragender Bedeutung. Entscheidend ist letztlich das Wirken Gottes an der eigenen Person. Hier spielt sowohl Gottes *Gnade* als auch Gottes *Kraft* eine Rolle.[35]

Auch Dale Carnegie[36] gibt in seinem Buch *Wie man Freunde gewinnt* nützliche Tipps, die von Seelengewinnern angewendet werden können. Er schreibt:

> *»Ich betrachte meine Fähigkeit, die Menschen zu begeistern, als meinen größten Vorteil. Durch Anerken-*

35 Vgl. Eichinger/Windler, 1999, S. 236–264.
36 Dale Carnegie (1888 – 1955): US-amerikanischer Kommunikations- und Motivationstrainer.

nung und Aufmunterung kann man in einem Menschen die besten Kräfte mobilisieren. Nichts tötet hingegen seinen Ehrgeiz so gründlich wie Kritik von Vorgesetzten. Ich kritisiere nie jemanden. Ich glaube, dass man Menschen zur Arbeit anspornen muss. Deshalb lobe ich ebenso gerne und tadle nur ungern. Bin ich mit einer Leistung zufrieden, so anerkenne ich sie aufrichtig und gebe großzügig meine wohlwollende Zustimmung. Was aber tut der Durchschnittsmensch? Das genaue Gegenteil. Wenn ihm etwas nicht gefällt, kanzelt er seinen Untergebenen ab. Ist er jedoch zufrieden, so sagt er kein Wort.«[37]

Wenn wir Freunde gewinnen wollen, dann müssen wir die Menschen mit Freude und Begeisterung begrüßen. Das gilt auch am Telefon. Legen sie in ihren Gruß einen Ton, der erkennen lässt, wie erfreut sie über diesen Anruf sind.

Die New Yorker Telefongesellschaft stellte eine genaue Untersuchung darüber an, welches Wort in den Telefongesprächen am häufigsten vorkommt. Es ist das Wort *ich*. Ich, ich, ich. Es wurde in fünfhundert Gesprächen 3900 Mal gesagt.[38] Wenn du ein Gruppenbild anschaust, auf dem du abgebildet bist, wen suchst du dann zuerst?

Ich gab mir immer Mühe, die Geburtstage meiner Freunde herauszubekommen. Wie man das fertigbringt? Im Verlauf des Gesprächs erkundigte ich mich bei meinem Gegenüber, in welchem Monat und an welchem Tag

---

37 Carnegie, Dale: *Wie man Freunde gewinnt – die Kunst, beliebt und einflussreich zu werden*, Bern/München/Wien: Scherz, 1997, S. 51.

38 Vgl. Carnegie, 1997, S. 84.

er geboren sei. Nannte er das Datum, dann wiederholte ich es in Gedanken. Und kaum drehte er mir den Rücken zu, schrieb ich mir das Datum auf, um es später in meinem Kalender zu notieren. Am Anfang des Jahres übertrug ich alle Geburtstage jeweils in den neuen Kalender, sodass ich im Laufe der Monate automatisch darauf stieß. Sobald der betreffende Tag heranrückte, schickte ich einen Brief oder ein Telegramm mit einem Glückwunsch. Das wirkte! Oft war ich der einzige Mensch auf der Welt, der überhaupt daran gedacht hatte.

Eine der einfachsten und wirksamsten Methoden, andere Menschen zu gewinnen, besteht darin, dass man sich an ihren Namen erinnert und sie in ihrer Selbstachtung bestärkt. Aber wer von uns macht das schon? Namen zu behalten und zu benutzen, ist nicht ein Privileg von Königen oder Managern. Wir alle können davon profitieren. Wir sollten nie vergessen, dass ein Name etwas Wunderbares ist und ausschließlich jenem Menschen gehört, mit dem wir es eben gerade zu tun haben. Sein Name zeichnet ihn aus, macht ihn einmalig. Die Mitteilung, die wir weitergeben, oder der Wunsch, den wir äußern, gewinnen eine besondere Bedeutung, wenn wir ihnen den Namen der Person vorausschicken, an die sie gerichtet sind. Der Name wirkt Wunder, von der Kellnerin bis zum Vorstandsvorsitzenden.[39]

39 Vgl. Carnegie, 1997, S. 84, 91, 113ff.

Auf diese Weise versandten wir namentlich tausende Briefe an unsere Vortragsbesucher. Für die Schöpfungsvorträge und Bibelstunden und für die Sonntagnachmittagstreffen schrieben wir auf die kopierten Briefe in Handschrift »Liebe Familie …« Dasselbe machten wir auch mit den Kindereinladungen für jede Kinderstunde während der Zeit der Kindermission. Diese Briefe lösten jeweils eine große Freude aus, besonders bei Kindern, die oft nur selten einen an sie adressierten Brief erhielten. Die Kosten spielen dabei keine Rolle. Wenn wir Gutes und Liebes erweisen wollen, sollten wir uns diese Aktionen auch etwas kosten lassen.

Henry James, ein berühmter amerikanischer Schriftsteller, erinnert sich daran, dass ein gewisser »Dr. Eliot« ein Meister im Zuhören war:

> *»Dr. Eliots Zuhören war nicht nur ein Schweigen, es war ein aktives Schweigen. Er saß kerzengerade auf der Kante seines Stuhls, die Hände im Schoß und ohne jede Bewegung, außer, dass er bald schneller, bald langsamer die Daumen drehte. Er blickte den Sprechenden an und schien ebenso sehr mit den Augen wie mit den Ohren zu hören. Er hörte mit dem Herzen und dachte aufmerksam darüber nach, was man sagte, während man sprach. Und am Schluss des Gesprächs hatte man das Gefühl, dass man zu Wort gekommen war.«*[40]

40 Carnegie, 1997, S. 118.

Zuhören, nicht nur im Geschäft, sondern auch zu Hause in der Familie, ist wichtig. Eine viel beschäftigte Hausfrau und Mutter hatte es sich zur Pflicht gemacht, aufmerksam zuzuhören, wenn eines ihrer Kinder mit ihr sprechen wollte. Eines Abends saß sie mit ihrem jüngsten Sohn in der Küche, als dieser nach einem kurzen Gespräch über ein Problem, das ihn beschäftigt hatte, erklärte: »Ich weiß, dass du mich sehr gernhast, Mama.«

Gerührt gab sie zur Antwort: »Natürlich habe ich dich sehr gern. Hast du jemals daran gezweifelt?«

»Nein«, entgegnete der Junge, »aber ich bin ganz sicher, dass du mich gernhast, denn immer, wenn ich über etwas mit dir sprechen möchte, legst du deine Arbeit weg und hörst mir zu.«[41]

41 Vgl. Carnegie, 1997, S. 119f.

Kapitel 7

Das Handwerkszeug: Gebet, Methoden, Planung

Robert E. Coleman schreibt in seinem Buch *Des Meisters Plan der Evangelisation* über die Notwendigkeit der Evangelisation:

> *»Aus diesem Grund versäumte Jesus keine Gelegenheit, seinen Jüngern den brennenden Eifer seiner eigenen Seele mitzuteilen, die mit der Liebe Gottes für eine verlorene Welt erfüllt war. Alles, was er tat und sagte, war von seiner verzehrenden Leidenschaft durchdrungen.«*[42]

Was ist der Plan deines Lebens? Jeder lebt nach einem Plan. Dieser bestimmt, wie und ob wir das gesteckte Ziel erreichen. Wir sind uns vielleicht nicht bei jeder Handlung eines Planes bewusst oder wissen vielleicht nicht einmal von einem solchen. Und doch folgen unsere Handlungen unvermeidlich einer bestimmten Grundvorstellung. Wenn wir unseren Weg ernsthaft überdenken und dabei erkennen, dass wir zu wenig erreichen, sind wir enttäuscht. Dieses ehrliche Eingeständnis sollte uns veranlassen, intensiver über unsere Berufung nachzudenken.

---

42 Coleman, Robert: *Des Meisters Plan der Evangelisation*, 3. Aufl., Neuhausen-Stuttgart: Hänssler-Verlag, 1989, S. 89.

Jeder von uns sollte einen Weg suchen, wie er die weise Strategie Jesu mit seiner eigenen Evangelisationsmethode verbinden kann. Sobald eine Situation sich ändert, werden dann neue Wege ausprobiert werden müssen, und nicht jede versuchte Methode wird auch erfolgreich sein. Aber wer nicht bereit ist, sich für ein bestimmtes Vorgehen zu entscheiden, sondern davor zurückschreckt, wird niemals einen brauchbaren Anfang, geschweige denn Fortschritte machen.

Einmal fragte ich einen Missionar, der viele Jahre im Segen für den Herrn seinen Dienst in Österreich getan hatte, mit welcher Methode er am meisten für das Reich Gottes hatte bewirken können. In seiner Demut sagte er: »Walter, ich habe die richtige Methode noch nicht gefunden.«

Welche besondere Form wir auch immer wählen, ist nicht so wichtig. Das Leben Jesu lehrt uns, dass das *Suchen* nach Menschen, das *Evangelisieren* und ihre *Unterweisung* das Wichtigste sind. Aber die Menschen lernen das Evangelium nicht kennen, wenn sie nicht das lebendige Zeugnis sehen. Die unruhige Menschheit braucht einen Beweis für das, was sie glauben soll. Sie braucht Menschen, die in ihrer Mitte stehen und rufen: »Folge Jesus, er weiß den Weg!« Darauf müssen unsere Pläne ausgerichtet sein.[43]

43 Vgl. Coleman, 1989, S. 89f.

Wollen wir Menschen als Jünger heranbilden, so müssen wir für sie da sein. Wir müssen sie *suchen*, sie *gewinnen* und, was das Wichtigste ist, für sie *beten*.

Oswald Smith schreibt in seinem Buch *Sieg des Gebets* über den Einfluss David Brainerds[44] auf sein Leben:

> *»Dieser Einfluss war in den ersten Jahren meines Dienstes so stark, dass ich meinen jüngsten Sohn nach ihm nannte. Dreitausend Meilen von zu Hause entfernt, als Missionar unter den Indianern. Kein Wunder, dass ich Brainerd liebte. Es war Brainerd, der mich fasten und beten lehrte. Ich lernte, dass durch den täglichen Kontakt mit Gott größere Dinge bewältigt werden können als durch die Predigt. Wenn ich spüre, dass mein Eifer erkaltet, lese ich aus Brainerds Tagebüchern, und mein Herz wird dadurch erwärmt. Wohl kaum ein Mensch hatte jemals eine größere Leidenschaft für die Seelen der Menschen! Völlig für Gott zu leben, war sein einziges Ziel und Bestreben. Sein Missionsaufruf, den er in einem Brief an seinen Bruder Israel darlegte, wird immerfort in meinen Ohren klingen: ›Ich bekenne, da ich sterbe, dass ich mein Leben nicht anders geführt hätte – nicht um alles in der Welt.‹ Jahrelang war es mein Anliegen, andere mit dem Kostbarsten aus Brainerds Tagebuch bekannt zu machen. Ich vertraue darauf, dass die unzähligen Stunden, die ich darauf verwandt habe, nicht umsonst gewesen sind, sondern*

44 David Brainerd (1718–1747): Missionar unter Indianern Nordamerikas.

dass die Kämpfe und Siege eines Beters, wie es David Brainerd war, anderen den gleichen Segen bringen werden, den sie mir gebracht haben. Wenn Brainerd auch vor mehr als zweihundert Jahren gewirkt hat, so hat er doch eine wichtige Botschaft für uns. Es gibt nichts, was wir nötiger brauchen, als eine neue Offenbarung der Kraft Gottes.«[45]

Im Folgenden kurze Auszüge aus David Brainerds Tagebuch:

Montag, 19. April 1745.
»Diesen Tag sonderte ich zum Fasten und Beten ab, um für meinen Dienst zubereitet zu werden, um göttliche Hilfe und Anweisung zu empfangen und, wenn er es für an der Zeit hielt, in seine Ernte gesandt zu werden. Am Vormittag fühlte ich die Kraft der Fürbitte für unsterbliche Seelen und für die Ausbreitung des Reiches meines lieben Herrn und Heilandes auf der Erde und gleichzeitig eine wunderbare Ergebung, ja sogar Trost und Freude bei dem Gedanken, für die Förderung dieses Zieles Ungemach zu leiden. Ich erlebte eine Zeit innerlicher Gemeinschaft mit meinem Heiland. Ich möchte allezeit mit ihm leben. Heute Abend erlebte ich eine herrliche Stunde allein mit Gott. Ich wurde über die kleinen Freuden und Leiden dieser Welt hinausgehoben und durfte einen Vorgeschmack himmlischer Freude erleben. Meine Seele

45 Smith, Oswald: *Sieg des Gebets – Kampf und Erfüllung geheiligter Leben*, Duisburg-Ruhrort: Brendow, 1968, S. 7f.

tauchte in die ewige Welt ein und kostete vom Himmel. Ich hatte eine herrliche Zeit der Fürbitte. Gelobt sei der Herr für diese Stunden.«[46]

1745 war das Jahr der großen Erweckung unter den Indianern.

»Die mit Tränen säen, werden mit Jubel ernten. Er geht hin unter Weinen und trägt den Samen zur Aussaat; er kommt heim mit Jubel und trägt seine Garben« (Psalm 126,5-6).

So erfuhr es auch David Brainerd. Der 8. August 1745 war der Wendepunkt, an dem die Erweckung endlich durchbrach.

Ein Jahr später, Donnerstag, 22. Mai 1746.
»Wenn meine Seele sich je ohne Rückhalt Gott zum Dienst anbot, dann jetzt. Meine Gedanken und Empfindungen lassen sich etwa so ausdrücken: ›Hier bin ich, Herr, sende mich, sende mich zu den Enden der Erde. Sende mich zu den harten und grausamen Heiden der Wildnis. Sende mich …‹«[47]

Am 9. Oktober 1747 starb David Brainerd im Alter von 29 Jahren.[48]

---

46 Zitiert in: Smith, 1968, S. 27.
47 Zitiert in: Smith, 1968, S. 67.
48 Vgl. Smith, 1968, S. 7f., 67, 84.

Wenn wir über Methoden der Evangelisation schreiben, so soll hier immer wieder betont werden, dass der *Mensch* die Methode Gottes ist. Es ist die Liebe des Missionars, sein inständiges Gebet und sein gelebtes Zeugnis, das Menschen zum Glauben führt.

Ein anderer Aspekt der Evangelisation soll hier jedoch auch noch genannt werden: Es ist von herausragender Bedeutung, bei der Evangelisation *ganze Familien* im Blick zu haben und nicht nur einzelne Menschen.

George W. Peters schreibt in seinem Buch *Evangelisation: total – durchdringend – umfassend* von der Familienevangelisation:

> *»In Anbetracht der Tatsache, dass die Familie nicht nur eine weltweite gesellschaftliche Einrichtung, sondern ebenso eine von Gott geschaffene soziale Einheit ist und in der Bibel eine einzigartige Stellung einnimmt, verdient also die Familienevangelisation Priorität und unsere besondere Aufmerksamkeit. Wir behaupten, dass die Familienevangelisation und die Bekehrung von Familien die grundlegendsten biblischen und kulturellen Verfahren und Erwartungen sind und in unseren Tagen neu belebt werden müssen. Es sollte die Bekehrung von Familien im Vordergrund stehen und betont werden, und die Familie als soziale Einheit sollte die Grundeinheit der lokalen Gemeinde bilden, die Steine, mit denen die Gemeinde gebaut wird. Die entscheidende Frage bei der Gründung einer Gemeinde ist nicht die nach der Anzahl der interessierten Leute, sondern die Frage nach der Zahl*

der Familien, die die Grundlage der Gemeinde bilden. Die Familienevangelisation darf man sich nicht zu einfach vorstellen. Sie ist schwer, kompliziert und erfordert viel Weisheit, Geduld und Ausdauer. Die enormen Verlustziffern in der Evangelisationsarbeit von heute sollten uns ernüchtern und zu einer gründlichen Überprüfung unserer Methoden treiben. Ich bin überzeugt, dass die wirksamste Methode zur Erhaltung der Neubekehrten und ihrer Weiterführung zur Heilsgewissheit und einem stabilen Leben als Jünger die Familienevangelisation ist.«[49]

49 Peters, George W.: *Evangelisation: total – durchdringend – umfassend*, Bad Liebenzell: Verlag der Liebenzeller Mission, 1977, S. 165f.

Kapitel 8

Die Ernte: Bekehrung und Nacharbeit

Gary W. Kuhne schreibt in seinem Buch *Evangelisation – und was dann? Die Dynamik der persönlichen Nacharbeit*:

> »*Es sind große Wunder, wenn sich Menschen bekehren. Bei der Wiedergeburt ist es wie bei der natürlichen Geburt. So wie ein neugeborenes Kind noch nichts von seinem zukünftigen Leben erfassen und begreifen kann und von der Liebe und Fürsorge der Mutter abhängig ist, braucht auch der geistig Wiedergeborene Begleitung in seinem Leben durch reife Christen. Bis ein Kind im Glauben zum reifen Verständnis heranwächst, braucht es Begleitung und Wegweisung.*«[50]

Der erste Punkt, der betrachtet werden muss, ist die Gewissheit, dass wir ewiges Leben und dadurch Gemeinschaft mit Jesus haben. Ermutige den Jungbekehrten, über die Reichtümer dieser Verheißung nachzudenken. Sie beinhaltet nicht nur *unendliches Leben* mit Gott, sondern auch *echte Gemeinschaft* mit ihm und *völlige Erfüllung*.

50 Kuhne, Gary W.: *Evangelisation – und was dann? Die Dynamik der persönlichen Nacharbeit*, Bad Liebenzell: Verlag der Liebenzeller Mission, 1979.

Verse, die Neubekehrten helfen können, sind folgende:

> *»Und dies ist das Zeugnis: dass Gott uns ewiges Leben gegeben hat, und dieses Leben ist in seinem Sohn. Wer den Sohn hat, hat das Leben; wer den Sohn Gottes nicht hat, hat das Leben nicht« (1. Johannes 5,11-12).*

> *»Denn so hat Gott die Welt geliebt, dass er seinen eingeborenen Sohn gab, damit jeder, der an ihn glaubt, nicht verloren gehe, sondern ewiges Leben habe« (Johannes 3,16).*

> *»Jesus antwortete und sprach zu ihm: Wahrlich, wahrlich, ich sage dir: Wenn jemand nicht von neuem geboren wird, so kann er das Reich Gottes nicht sehen« (Johannes 3,3).*

Es ist wichtig, dass sich der junge Christ eine Zeit festsetzt, die er täglich mit Gott alleine verbringt. Diese Zeit ist ein Grundbestandteil eines beständigen Lebens mit Gott.

> *»... und wie neugeborene Kinder seid begierig nach der vernünftigen, unverfälschten Milch, damit ihr durch diese wachst zur Errettung ...« (1. Petrus 2,2).*

> *»Glückselig der Mann, der ... seine Lust hat am Gesetz des HERRN und über sein Gesetz sinnt Tag und Nacht!« (Psalm 1,1-2).*

Es kann eine Hilfe für die Neubekehrten sein, wenn jemand mit ihnen gemeinsam in den ersten Wochen oder Monaten Stille Zeit macht. Die Neubekehrten sind interessiert daran, wie reifere Christen ihre Stille Zeit mit dem Herrn erleben. Dies ist für sie eine große Hilfe.

Darüber hinaus sollte sich der Jungbekehrte unbedingt einer geistlich gesunden Gemeinde anschließen. Obwohl die christliche Gemeinschaft, die er im Bibelkreis erfährt, wichtig ist, bietet sie doch keinen Ersatz für eine Gemeindezugehörigkeit. Hier einige Gründe, die dies untermauern:

1. Die Gemeinde ist notwendig zur Organisation der Gläubigen.
2. Die Gemeinde bietet Gelegenheit für die Gemeinschaft unter den Gläubigen.
3. Die Gemeinde sorgt für die Unterweisung der Gläubigen.
4. Die Gemeinde bietet Gelegenheit zur gemeinsamen Anbetung Gottes.
5. Die Gemeinde bietet Gelegenheit zum Dienst.

Eine Familie, die sich bekehrte, besuchte jede Bibelstunde mit größtem Interesse. Sie waren es aber gewohnt, jeden Sonntag im Gebirge zu klettern oder Wanderungen zu machen. Der Vater der Familie sagte, dass ihnen der Besuch der Bibelstunden für ihr geistliches Wachstum genügen würde und dass sie es sich nicht vorstellen könnten, jeden Sonntag die Versammlung zu besuchen. Liebevoll bat ich sie, doch einmal die Versammlung an einem Sonntag zu besuchen.

Und wirklich, der Herr Jesus vermehrte bei dieser Familie das Verlangen, mit den gläubigen Geschwistern den Herrn anzubeten und sein Wort zu hören. Es dauerte nicht lange, so war es überhaupt keine Frage mehr, ob am Sonntag die Versammlung wichtig sei oder nicht. Für sie wurde der Besuch jeder Versammlung zur Selbstverständlichkeit.

Kurz vor der Bekehrung eines Familienvaters war seine Frage, wie es mit dem Besuch der Versammlungen und der Gemeindezugehörigkeit sei? Er wollte diese Angelegenheit bereits vor seiner Bekehrung geklärt haben. Er sagte, dass er sich auf keinen Fall vorstellen könne, mit seiner Familie jeden Sonntag von seinem Wohnort bis zum Versammlungsort (eine Strecke von fünfzig Kilometern) zu fahren. Meine Antwort war, dass wir zu einem späteren Zeitpunkt über dieses Thema sprechen würden. Bald nach der Bekehrung der ganzen Familie war es für sie die größte Freude, jeden Sonntag die Versammlungen zu besuchen. Der weite Weg war überhaupt kein Thema mehr.

Der Neubekehrte muss verstehen lernen, wie er sich der Anfechtung gegenüber zu verhalten hat, wenn er jemals ein reifer Gläubiger werden will. Anfechtung ist das anfängliche *Drängen* zu einer Sünde. Sie kann jedoch schnell zur Sünde *führen*, wenn ihr nicht angemessen begegnet wird. Diese Punkte sollte man dem Neubekehrten gegenüber betonen. Die Bibel nennt einige allgemeine Prinzipien, deren Anwendung uns zum Sieg über die Anfechtung helfen.

Es ist aber auch wichtig, dass wir den jungen Christen erklären, dass es keine Super-Heiligen gibt. Jeder Christ lebt von der Gnade Gottes und der Vergebung seiner Sünden. Ob wir nun bereits viele Jahre gläubig sind oder erst einige Wochen oder Monate, es stimmt nicht, dass ein Christ nach einer bestimmten Zeit keine Anfechtungen zum Sündigen mehr hätte. Jeder Christ kann in Sünde fallen und auch große Fehltritte in seinem Leben begehen, aber diese Verfehlungen tun ihm leid. Er will nicht darin verharren. Er bittet Gott um die Vergebung seiner Schuld und darf sich der Vergebung gewiss sein, weil die Bibel es so lehrt:

> *»Wenn wir unsere Sünden bekennen, so ist er treu und gerecht, dass er uns die Sünden vergibt und uns reinigt von aller Ungerechtigkeit« (1. Johannes 1,9).*

Lasst uns uns gegenseitig ermutigen, der Sünde zu widerstehen. Wir haben Christus in uns!

Kapitel 9

Die Zusammenarbeit: Christliche Gemeinde und Evangelisation

Die Bibel, die uns durch die Leitung des Heiligen Geistes gegeben worden ist, ist unser sicherster Leiter, aber auch unser schärfster Kritiker in allen Fragen des Gemeindewachstums. Eine Gemeinde wächst am besten, wenn sie sich tatkräftig für eine intensive Evangelisation einsetzt. Der Befehl unseres Herrn lautet, dass das Evangelium gepredigt werden muss. Markus 16,15-16 ist ein göttlich eingesetzter und vom Geist gewirkter Befehl:

> *»Und er sprach zu ihnen: Geht hin in die ganze Welt und predigt der ganzen Schöpfung das Evangelium. Wer da glaubt und getauft wird, wird errettet werden; wer aber nicht glaubt, wird verdammt werden« (Markus 16,15-16).*

In einer neutestamentlichen Gemeinde muss die Evangelisation eine zentrale Stellung haben. Die gesamte Energie der ganzen Gemeinde wird zum Gebet und Zeugendienst gebraucht. Eine Gemeinde wächst am besten, wenn alle aus der Gemeinde in Bewegung gebracht und zum beständigen Dienst des Gebets, des Mitteilens, des Zeugens und der Evangelisation ausgebildet werden. Die lebendige Einheit der Gemeinde ist keine moderne Erfindung.

Die Verteilung von Verantwortung ist eine göttliche Erfindung. Gott braucht Männer und Frauen mit verschiedenen Eigenschaften. Es gibt keinen, den er nicht gebrauchen könnte. All das sehen wir in wunderbarer Weise in Apostelgeschichte 8-12. Lukas berichtet uns, dass alle Gläubigen, mit Ausnahme der Apostel, über die ganzen Gebiete von Judäa und Samaria verstreut wurden. Überall, wo sie hinkamen, evangelisierten sie:

> *»Die Zerstreuten nun gingen umher und verkündigten das Wort« (Apostelgeschichte 8,4).*

Etwas später berichtet Lukas von denen, die über Palästina hinausgingen und das Evangelium in den Gegenden bekannt machten, in die sie kamen:

> *»Die nun zerstreut waren durch die Drangsal, die wegen Stephanus entstanden war, zogen hindurch bis nach Phönizien und Zypern und Antiochien und redeten zu niemand das Wort als nur zu Juden. Einige Männer von ihnen aber waren von Zypern und Kyrene, die, als sie nach Antiochien kamen, auch zu den Griechen redeten und das Evangelium von dem Herrn Jesus verkündigten« (Apostelgeschichte 11,19-20).*

Alle Gläubigen verkündigten also das Evangelium *überall.* Mein besonderes Anliegen bei der Gründung von Gemeinden war es, dass alle Geschwister aller Altersgruppen zur Evangelisation motiviert wurden.

Eine Gemeinde wächst am besten, wenn der Ackerboden sorgfältig und mit viel Gebet für das Evangelium vorbereitet wurde. Der Anfang bei jeder Planung ist die Festlegung der Ziele. Das Ziel der christlichen Gemeinden wurde vom Herrn selbst eindeutig gesteckt, als er sagte:

> *»Aber ihr werdet Kraft empfangen, wenn der Heilige Geist auf euch herabkommt; und ihr werdet meine Zeugen sein, sowohl in Jerusalem als auch in ganz Judäa und Samaria und bis an das Ende der Erde« (Apostelgeschichte 1,8).*

Paulus hatte eine Strategie, die ganz klar auf die ganze Welt ausgerichtet war. Nachdem er aus Jerusalem vertrieben worden war, wandte er seine Aufmerksamkeit Kleinasien zu, wo er zuerst von Troas aus und dann in Antiochien wirksam war. Hier entstand eine Bewegung mit einer weltweiten Ausrichtung und Strategie. Sie war vom Heiligen Geist geleitet und wurde von einer Gruppe Männer und Frauen gehorsam und opferbereit umgesetzt. Niemand sollte von Strategien zu gering denken. Eine Strategie ist keine Schematisierung, sondern der weise, sorgsam geplante und durchgeführte Versuch, ein gesetztes Ziel zu erreichen. Sie ist unerlässlich mit Blick auf das Gemeindewachstum.

Prof. Dr. George W. Peters war ohne Zweifel einer der führenden Missionswissenschaftler des 20. Jahrhunderts. Als Theologe und Missionswissenschaftler hatte er zur Theologie des Gemeindewachstums viel zu sagen. Er hat das Gemeindewachstum in allen Teilen der Welt gesehen und analysiert. Peters schreibt:

> *»Der Schlüssel für menschliche Beziehungen ist die tiefe Liebe zu den Menschen, das Interesse an ihnen, die Bereitschaft, sich anderen mitzuteilen, das Verständnis und die Beschäftigung mit den Menschen in ihren Erfahrungen und Nöten, ihren Ängsten und Erwartungen, sowie das Gebet mit und für die Menschen, die demütige Abhängigkeit vom Heiligen Geist und das Vertrauen, dass er die notwendige Beziehung herstellen kann und wird. Eine Gemeinde wächst dort am besten, wo das Evangelium klar und anhaltend gepredigt wird.«*[51]

Eine Gemeinde, die nicht zur Evangelisation führt, hat gewöhnlich die richtige Perspektive verloren.

> *»Denn von euch aus ist das Wort des Herrn erschollen, nicht allein in Mazedonien und in Achaja, sondern an jedem Ort ist euer Glaube an Gott ausgebreitet worden, so dass wir nicht nötig haben, etwas zu sagen« (1. Thessalonicher 1,8).*

Das ist das unveränderliche strategische Hauptkonzept, das treffend in den Satz zusammengefasst werden kann: »Eine Gemeinde an jedem Ort macht jeden Menschen für das Evangelium erreichbar.« Jeder Christ sollte daher

---

51 Peters, George W.: *Gemeindewachstum – ein theologischer Grundriss*, Bad Liebenzell: Verlag der Liebenzeller Mission, 1982, S. 251.

ein Evangelist sein und die Gemeinde immer ein Ansteckungsherd, wie es auch die Urgemeinde war.[52]

Von dieser Ansteckung, die gleichsam als Pest empfunden wurde, lesen wir auch in der Apostelgeschichte über Paulus:

> *»Denn wir haben diesen Mann als eine Pest befunden und als einen, der unter allen Juden auf dem Erdkreis Aufruhr erregt, und als einen Anführer der Sekte der Nazaräer« (Apostelgeschichte 24,5).*

> *»Wo keine Offenbarung ist, wird das Volk wild und wüst« (Sprüche 29,18 [Luther 1984]).*

Oswald Chambers[53] schreibt:

> *»Das ist nur zu wahr! Überall in unseren Städten leben die Menschen dicht zusammengedrängt und gehen ihrem Verderben entgegen, weil uns der klare Blick für unseren Auftrag an ihnen fehlt. Große Scharen von christusfernen Menschen, für die Jesus auch gestorben ist, werden wohl niemals Gottes Retterbotschaft hören, wenn wir uns für sie keine offenen Augen schenken lassen – weil uns, seinen Nachfolgern, die innere Schau für sein reiches Erntefeld fehlt. Wie wollen wir dieser Not abhelfen? Wann, ach wann, ist es endlich so weit, dass wir uns diese Not als Last*

52 Vgl. Peters, 1982, S. 7, 173–177.

53 Oswald Chambers (1847–1917): einer der einflussreichsten Baptistenprediger Großbritanniens. Sein nach seinem Tode erschienenes Werk *My Utmost For His Highest* zählt zu den weltweit meistgelesenen christlichen Schriften.

aufs Herz legen lassen und uns unserer Verantwortung bewusst werden? Wir kauern behaglich in unserem kleinen Nest, fühlen uns zufrieden, wenn wir eine Handvoll von übersättigten Gläubigen um uns sammeln. Wir predigen, halten unsere Gottesdienste und Andachten, und es scheint mir so, als würden sich unsere Gedanken dabei nicht um die große Menge der Menschen um uns her drehen, die blind in ihr Verderben laufen. Wer von uns sorgt sich um sie? Was wir brauchen, um diese von Gott erleuchteten Herzensaugen zu bekommen, ist Glaube an die Möglichkeiten Gottes, oder vielleicht noch besser gesagt, Glaube und persönlicher Einsatz, der vor keiner Mühe und vor keinen Schmerzen zurückschreckt. Der Wahlspruch von Carey bringt das alles kurz zusammengefasst auf den Punkt: ›Erwarte Großes von Gott! Unternimm Großes für Gott!‹ Man kann von Gott nicht große Dinge erwarten, ehe man nicht selbst große Dinge für Gott in Angriff nimmt. Wir leben in einer Zeit des furchtbaren Abfalls von Gott. Auf meinen Reisen durch Europa und in letzter Zeit durch Kanada und die Vereinigten Staaten sind mir unsere verflachte Religiosität und ihre weitere Entwicklung wie nie zuvor als besonders schwere Last aufs Herz gelegt worden. Die bekennenden Gemeinden sind schnell in diese Verflachung hineingezogen worden. Wie wichtig ist heute die Weltmission für viele Gemeinden im Westen?«[54]

54 Zitiert in: Smith, 1981, S. 130ff.

Exkurs über die Hausgemeinde und gemeindeähnliche Organisationen:

William MacDonald schreibt in seinem Kommentar zum Neuen Testament:

»Weil hier in Apostelgeschichte 2,47 zum ersten Mal in der Apostelgeschichte das Wort ›Kirche‹ oder ›Gemeinde‹ (gr. ekklesia) benutzt wird, halten wir an dieser Stelle kurz inne, um das Wesen der Gemeinde im Denken der ersten Christen ein wenig zu beleuchten.

Die Gemeinde in der Apostelgeschichte und im Rest des Neuen Testaments war oft eine sogenannte Hausgemeinde. Die ersten Christen trafen sich in Wohnhäusern und nicht in besonderen Kirchenbauten. Es ist einmal gesagt worden, dass die Religion sich von den heiligen Orten löste und am allgemeinen Wohnort ihr Zentrum fand, in den Häusern der Gläubigen. […]

Es mag für uns einfach sein zu denken, dass die Benutzung von Wohnhäusern eher durch ökonomische Verhältnisse erzwungen wurde, als das Ergebnis von geistlichen Überlegungen zu sein. Wir haben uns so sehr an Kirchengebäude und Gemeindehäuser gewöhnt, dass wir annehmen, sie entsprächen Gottes Ideal. Es gibt jedoch triftige Gründe für die Annahme, dass die Gläubigen des 1. Jahrhunderts sehr viel weiser waren als wir.

Erstens ist es mit dem christlichen Glauben und dessen Betonung der Liebe nicht vereinbar, beträcht-

liche Geldbeträge in luxuriöse Gebäude zu stecken, wo es überall auf der Welt so große Not gibt. [...]

Es ist nicht nur unmenschlich, sondern auch unwirtschaftlich, riesige Summen für Gebäude auszugeben, die nur drei, vier oder fünf Stunden in der Woche genutzt werden. Wie sind wir nur dazu gekommen, in diese gedankenlose Traumwelt abzudriften, in der wir bereit sind, so viel für etwas auszugeben, wovon wir so wenig Nutzen haben?

Unsere modernen Bauprogramme sind die größten Hindernisse für die Ausbreitung der Gemeinde. Hohe Tilgungsraten für Hypotheken und Kredite veranlassen Gemeindeleiter dazu, jeden Versuch im Keim zu ersticken, die Gemeinde zu teilen, um eine neue Gemeinde zu gründen. Jeder Mitgliederverlust würde das benötigte Einkommen für die Abzahlungen und den Erhalt des Hauses in Gefahr bringen. Eine noch ungeborene Generation wird mit Schulden beladen, und jede Hoffnung auf Gemeindevermehrung wird zerstört.

Man argumentiert gerne, dass wir eindrucksvolle Gemeindehäuser brauchen, um gemeindeferne Menschen in unsere Gottesdienste zu bringen. Ganz davon abgesehen, dass es sich dabei um fleischliches Denken handelt, übersieht dieser Gedanke vollständig das Vorbild des Neuen Testaments. Die Zusammenkünfte der Urgemeinde waren in erster Linie für die Gläubigen bestimmt. Die Christen versammelten sich, um auf die Lehre der Apostel zu hören, Gemeinschaft zu haben, das Brot zu brechen und zu beten

(Apostelgeschichte 2,42). Sie evangelisierten nicht, indem sie Menschen zu den Zusammenkünften am Sonntag einluden, sondern indem sie den Menschen, denen sie während der Woche begegneten, Zeugnis gaben. Wenn diese Menschen sich bekehrten, wurden sie in die Gemeinschaft und warmherzige Atmosphäre einer Hausgemeinde geführt, damit sie dort ermutigt und weitergeführt würden.

Es ist manchmal schwierig, Menschen dazu zu bringen, einen Gottesdienst in einem ehrwürdigen Gebäude zu besuchen. Oft behagt den Menschen dieser strenge Formalismus nicht. Auch gibt es immer wieder die Angst, um Geld angebettelt zu werden. ›Die Gemeinde ist nur am Geld der eingeladenen Leute interessiert‹, hört man die Betreffenden immer wieder klagen. Doch viele derselben Menschen sind bereit, zu einem Bibelgespräch in ein Wohnzimmer zu kommen. Dort müssen sie nicht auf Äußerlichkeiten achten, und sie genießen die ungezwungene Atmosphäre.«[55]

Was William MacDonald geschrieben hat, kann ich bestätigen. In den 60er- und 70er-Jahren trafen sich viele christliche Gemeinden in Österreich in meist schlichten Gemeindehäusern und gemieteten Sälen. Aus eigener Erfahrung weiß ich, dass viele Gemeinden damals ihre Kollekte für die Missionsarbeit im In- und Ausland ver-

55 MacDonald, William: *Kommentar zum Neuen Testament*, 7. Aufl., Bielefeld: CLV, 2018, S. 494f.

wendeten. Den Geschwistern war das äußere Erscheinungsbild eines Saales nicht wichtig. In unserem Gemeindehaus in Neuenegg, wo ich aufgewachsen bin, war der Versammlungsraum sehr einfach gestaltet. Ein schlichter Linoleumboden, Holzbänke mit Lehnen sowie eine einfache Kanzel reichten als Einrichtung. Bei den Konferenzen gab es für alle Besucher eine Suppe zu Mittag und am Nachmittag Tee und Brot. Woran es aber nicht mangelte, waren offene Hände mit großen Spenden für die Mission. Es konnten Missionare ausgesandt werden. So wurde auch ich 1969 von der »Vereinigung Freier Missionsgemeinden« in der Schweiz als erster Missionar nach Österreich ausgesandt. Auch in den weiteren Jahren, von 1970 bis 1985, wurden viele junge Schweizer Missionarsfamilien nach Österreich, Frankreich und Italien gesandt.

Warum fehlen in vielen Gemeindeverbänden heute die finanziellen Mittel, die Mission zu unterstützen? Sind es nicht auch die teuren Gemeindebauten und der sich ständig verändernde Lebensstil der Geschwister? Das Leben ist teurer geworden. Ist dies wirklich der einzige Grund, warum die Gemeinden die Missionare kaum mehr finanziell unterstützen können? Ich meine, dass auch weitgehend der Blick für die Mission verloren gegangen ist. Unser Gemeindegründer Peter Zürcher zum Beispiel war ein Mann mit einer Vision für die Mission und konnte die Gemeinden für das Werk der Mission begeistern. Wo sind heute diese Visionäre, die ganz neu die Gemeinden für ihre Hauptaufgabe wachrütteln?

Kapitel 10

Saat und Ernte: Unsere begrenzte Lebenszeit

Dale Carnegie schreibt in seinem Buch *Sorge dich nicht – lebe!*:

> *»Dr. Osler führte in seiner Rede aus, dass man sich auf seine Zukunft am besten vorbereitet, wenn man sich mit seiner ganzen Intelligenz und Begeisterung darauf konzentriere, die Arbeit von heute auch heute ganz vorzüglich zu leisten. Das sei die einzig mögliche Methode, sich auf die Zukunft vorzubereiten. Sir William Osler bat die Studenten, den Tag mit der Bitte des Vaterunsers zu beginnen: ›Unser täglich Brot gib uns heute‹. Vergessen Sie nicht, dass in diesem Gebet um das tägliche Brot gebeten wird. Es enthält keine Klage über das alte Brot, das wir gestern essen mussten. Und es heißt in ihm auch nicht: ›Es hat schon lange nicht mehr geregnet, vielleicht kommt eine neue Dürre … Woher werde ich im Herbst mein Brot nehmen? Vielleicht verliere ich meine Arbeit … Wie kann ich dann Brot kaufen?«*
>
> *»Das Heute ist unser kostbarster Besitz. ›Bedenkt, dass dieser Tag niemals wieder heraufdämmern wird‹, sagte schon Dante. Wir rasen mit einer Geschwindigkeit von mehr als dreißig Kilometer pro Se-*

kunde durch das All. Das Heute ist unser kostbarster Besitz. Es ist das Einzige, was wir ganz sicher besitzen. Das ist auch Lowell Thomas' Maxime. Ich verbrachte kürzlich ein Wochenende auf seiner Farm, und da sah ich, dass er einen Spruch aus dem 118. Psalm gerahmt und im Aufnahmestudio aufgehängt hatte, sodass er ihn immer wieder sehen konnte: ›Dies ist der Tag, den der HERR gemacht hat; frohlocken wir, und freuen wir uns in ihm‹ (Psalm 118,24).«[56]

Über diese Thematik habe ich selbst viel geschrieben und nachgedacht. Eigentlich sollte jeder überzeugte Christ stets darüber nachdenken, dass unser Leben begrenzt ist. Wenn wir uns dessen bewusst sind, dass wir eigentlich nur eine kurze Zeit auf dieser Erde leben, gemessen an der Ewigkeit, dann sollte unser Bestreben sein, unser Leben noch hingebungsvoller für den Herrn einzusetzen. Eine Frau, die sich mit vierundvierzig Jahren bekehrte, sagte zu mir: »Warum seid ihr nicht früher mit diesem wunderbaren Evangelium zu uns nach Österreich gekommen? Leider sind die Jahre vor meiner Bekehrung vergeudete Jahre mit Blick auf die Ewigkeit.«

Benjamin Disraeli[57] sagte einmal: »Das Leben ist zu kurz für Nebensächlichkeiten.« Dieser Ausspruch hat mir in

56 Carnegie, Dale: *Sorge dich nicht – Lebe! Die Kunst, zu einem von Ängsten und Aufregungen befreien Leben zu finden*, Frankfurt am Main: Fischer, 2013, S. 22f.

57 Benjamin Disraeli (1804–1881): britischer Staatsmann und Premierminister.

vielen schmerzlichen Erfahrungen geholfen. Oft lassen wir es zu, dass wir uns über Kleinigkeiten aufregen, die wir nicht beachten und vergessen sollten. Da sind wir auf dieser Erde, haben vielleicht nur noch einige Jahrzehnte oder Jahre zu leben und vergeuden viele unersetzlichen Stunden damit, über Ärgernissen zu brüten, die in einem Jahr von uns und allen anderen vergessen sein werden. Nein, wir wollen unser Leben lebenswerten Handlungen und Gefühlen widmen, großen Gedanken, wahrer Zuneigung und Aufgaben, die uns überdauern. Denn das Leben ist zu kurz für Nebensächlichkeiten. Dieser Ausspruch ist sehr wichtig. Wie würde das Leben vieler Christen aussehen, wenn sie nach diesem Grundsatz leben würden? Wie viel kostbare, unwiederbringliche Zeit wird vergeudet durch Nebensächlichkeiten!

Die Kunst, Zeit zu gewinnen, ist gleichzeitig die Kunst, die Tage, Wochen und Monate als für uns offene Zeiträume richtig zu sehen und berufliche und persönliche Aufgaben und Ziele ohne Bürde und mit genügend freier Zeit einzuteilen und einzuplanen. »Kluge Arbeitstechnik«, sagt Emil Oesch[58], »ist gleichsam wie französische Küche – eins nach dem anderen.« Niemand würde es sich leisten, schon am Montagmorgen sämtliche Morgen-, Mittag- und Abendessen der ganzen Woche auf einmal zu essen. Gerade aber das tun viele mit ihrem Arbeitspensum – ganz zu schweigen davon, dass sich die Unlust bei aufgeschobener Arbeit von Tag zu Tag vergrößert. Man kommt nicht mehr dazu, etwas vom großen Haufen abzutragen.

---

58 Emil Oesch (1894–1974): Schweizer Schriftsteller und Verleger.

»… die gelegene Zeit auskaufen, denn die Tage sind böse« (Epheser 5,16).

Der überzeugte Christ ist bestrebt, die Zeit, die kostbaren Stunden, in rechter Weise zu nutzen, ihr das richtige Gewicht zu geben. Viele Leute meinen, keine Zeit zu haben, ohne darüber nachzudenken, wie viele Stunden sie beim Fernsehen, am Computer, beim Sport und bei gesellschaftlichen Verpflichtungen verlieren. Wer Zeit haben will, darf sich nicht vom Strom der hastenden Umwelt mittreiben lassen. Haben wir nicht alle schon erlebt, dass die Unruhe unserer Zeit sich auf uns überträgt? Viel zu oft wird man von der Hektik mitgerissen.

»Besser eine Hand voll Ruhe, als beide Fäuste voll Mühe und Haschen nach Wind« (Prediger 4,6).

Oft hört man die Aussage: »Zeit ist Geld.« Ist Zeit wirklich Geld? Können wir eine einzige Stunde, die vorbei ist, zurückkaufen? Zeit ist nicht *Geld*. Zeit ist *Leben*. Jede Sekunde, jede Minute ist ein Teil jener Zeit, die uns innerhalb unseres Lebens zur Verfügung steht. Zeit ist Leben. Zeit ist kostbarer als Geld. Und dennoch gibt es so viele, die über jeden Euro Kassenbuch führen, jeden Euro im Kassenschrank einsperren. Sie machen Monats- und Jahresbudgets für ihr Geld. Jede Geldausgabe wird zehnmal überlegt. Tun sie das mit der Zeit auch? Und dennoch ist Zeit, wenn sie einmal ausgegeben ist, unwiederbringlich vorbei. Geld kann man wiedergewinnen, Zeit nicht. In Gottes Wort lesen wir von der Einmaligkeit des *Jetzt*:

»Siehe, jetzt ist die wohlangenehme Zeit, siehe, jetzt ist der Tag des Heils« (2. Korinther 6,2).

Man kann Geld für Nichtigkeiten ausgeben und auch Zeit an Wertloses verschwenden. Stellen wir uns vor, bei unserer Geburt sei eine Kerze angezündet worden, die Tag und Nacht bis zu unserem Tod brennt. Wenn wir eine Lebenserwartung von achtzig Jahren hätten, dann ist unsere Lebenskerze beim 40. Lebensjahr zur Hälfte abgebrannt. Je weiter nun diese Kerze brennt, umso deutlicher müssten wir eigentlich den Wert der Zeit erkennen. Jede Stunde, die übrig bleibt für unser Leben, wird umso wertvoller, und wir sollten sorgfältig überlegen, wofür wir die Zeit verwenden. Was wir dringend brauchen, ist ein besseres und zuverlässigeres Zeitbewusstsein. Je mehr wir die Zeit zu wertschätzen wissen, desto weniger werden wir von diesem kostbaren Gut für unwichtiges Tun verwenden. Wer keine Zeit hat für das Wesentliche, sollte sich gründlich fragen, warum. Die Wahl, wofür wir Zeit haben wollen, bestimmt schließlich auch, wofür und wie wir leben.

»Denn was ist euer Leben? Ein Dampf ist es ja, der für eine kurze Zeit sichtbar ist und dann verschwindet« (Jakobus 4,14).

Zeit ist kostbar, weil ihr Gebrauch unser Leben und seinen Inhalt bestimmt. Unsere Zeit, also unser Leben, ist wie ein Saatfeld. Das, was wir ernten, hat den Gehalt und ist von der gleichen Art wie das, was wir gesät haben. Die Kunst, Zeit zu haben, und die Kunst der Verwendung der Zeit sind darum wichtig und eine Frage der Reife bzw. Unreife im Umgang mit der uns gegebenen Zeit. Pflanzen tragen Früchte, wenn es an der Zeit ist. Zeit ist darum auch Reifezeit für uns. Wir sind nie reif genug, dass wir die Zeit nicht noch besser nutzen könnten.

Das Leben verlangt von uns, ihm immer mehr Gehalt zu geben. Man kann gewissermaßen das Leben vervielfachen, das heißt, jeder Minute, jeder Stunde mehr Gehalt verleihen. Wir können auch die Frage stellen: »Bringt mich – oder andere – das weiter, womit ich meine Zeit verbringe? Fördert es, dient es, trägt es zu etwas Positivem bei?«

Zeit schenken – hier und dort eine Hand voll Zeit in den Wind streuen, irgendwohin ein Licht, eine schöne Blume, liebe Worte tragen: Das sind nur einige der Möglichkeiten, die uns gegeben wurden. Es sind wunderbare Zeitinseln inmitten einer Zeit, die keiner mehr zu haben scheint.

»Und alles, was immer ihr tut, im Wort oder im Werk, alles tut im Namen des Herrn Jesus« (Kolosser 3,17).

Zeit schenken! Wer das kann, wird wissen, dass wir eins nie sagen sollen: »Ich habe keine Zeit.« Wägen wir unsere Zeit!

»Er weckt jeden Morgen, er weckt mir das Ohr, damit ich höre wie solche, die belehrt werden« (Jesaja 50,4).

Viele, die den Herrn lieben und ihm treu nachfolgen, wissen um die Kostbarkeit der Morgenstunden. Es ist die

Zeit, in der wir den Herrn anbeten und mit ihm Gemeinschaft haben. In den frühen Morgenstunden ist es meist still, und wir sind geistig frisch und aufnahmefähig für die Gemeinschaft mit dem Herrn. Überprüfen wir unsere Stunden. Verlegen wir unsere wichtigsten Arbeiten auf unsere besten Stunden, und wir werden leichter arbeiten als bisher.

Die Kürze unserer Lebenszeit kommt in folgenden Psalmworten zum Ausdruck:

> *»Die Tage unserer Jahre – es sind siebzig Jahre, und wenn in Kraft, achtzig Jahre, und ihr Stolz ist Mühsal und Nichtigkeit, denn schnell eilt es vorüber, und wir fliegen dahin. [...] So lehre uns denn zählen unsere Tage, damit wir ein weises Herz erlangen!« (Psalm 90,10.12).*

> *»Gedenke, was meine Lebensdauer ist« (Psalm 89,48).*

Was ist das Leben mit Blick auf die Ewigkeit? Ein Hauch, ein Dampf, eine verblühende Blume – und doch so unsagbar wertvoll. Jetzt sind wir noch unterwegs, doch die Tage unseres Lebens eilen schnell dahin, und bald stehen wir an der Schwelle der Ewigkeit.

> *»Denn ›alles Fleisch ist wie Gras, und all seine Herrlichkeit wie des Grases Blume. Das Gras ist verdorrt, und die Blume ist abgefallen; das Wort des Herrn aber bleibt in Ewigkeit‹« (1. Petrus 1,24-25).*

Es ist wichtig, dass wir in Anbetracht unseres Dienstes in der Evangelisation uns stets vor Augen halten, dass unsere Lebenszeit begrenzt ist. Jeder Mensch lebt in seiner Generation und sollte bemüht sein, dass er von seinen Weggefährten einige für den Herrn gewinnen kann. Wenn wir älter werden, werden wir vergesslicher, und die körperlichen Kräfte lassen nach. Dem älter werdenden Menschen wird dann auch bewusst, dass man Versäumtes nicht mehr nachholen kann. Deshalb wollen wir junge Menschen im Zenit ihres Lebens ermutigen, sich ganz dem Herrn zur Verfügung zu stellen!

C. S. Lewis schreibt in seinem Essay *Die letzte Nacht der Welt*:

> *»Wir glauben alle, so nehme ich an, dass ein Mensch an seinem eigenen, individuellen Leben nur locker festhalten sollte, dass er eingedenk bleiben muss, wie kurz, hinfällig, befristet und vorläufig es ist; dass er nie sein ganzes Herz an etwas verschwenden darf, was mit seinem Leben endet. […] Alle Leistungen und Erfolge, soweit sie Leistungen und Erfolge bloß in dieser Welt sind, führen am Ende zu nichts.«*[59]

Ein lieber Freund von mir, der sich bekehrt hatte, war mit seiner Frau im Auto unterwegs, als ihn plötzlich rasende Kopfschmerzen überfielen. Mit diesen furchtbaren Kopfschmerzen hatte er noch die Geistesgegenwart, selbst ins

59 Lewis, C. S.: *Die letzte Nacht der Welt*, Hamburg: Furche-Verlag, 1964, S. 144.

Krankenhaus zu fahren, das sich zu jenem Zeitpunkt nur wenige hundert Meter vor ihnen befand. Beim Eingangsportal hielt er den Wagen an, stieg aus und fiel sofort zu Boden. Ich wurde über diesen Vorfall sofort informiert, war aber zu jener Zeit einige hundert Kilometer von jenem Krankenhaus entfernt. Sofort unterbrach ich meine Dienste und machte mich auf den Weg, um meinen Freund zu besuchen. Bei den Untersuchungen stellte man eine starke Gehirnblutung fest. Als man es mir verweigerte, das Zimmer zu betreten, weil der Patient auf keinen Fall besucht werden dürfe, bat ich sehr darum, mich doch zu meinem Freund zu lassen. Als ich meine Hände auf seinen heißen Kopf legte, öffnete er die Augen und flüsterte ganz leise: »Walter, ich bin so unendlich froh, dass ich errettet bin. Ich hätte in diesem Zustand keine Kräfte mehr, mich zu bekehren.« Der Herr tat ein großes Wunder an meinem Freund. Er wurde wieder gesund. Diese Geschichte zeigt, dass es für den Menschen zu Situationen kommen kann, in denen er nicht mehr in der Lage ist, sich zu bekehren.

Mein Vater war ein eifriger und überzeugter Christ. Ihm war es ein persönliches Anliegen, Gelegenheiten zu nutzen und in unserem Dorf Verteilschriften in die Häuser zu bringen. Ein Nachbar von uns kannte unseren Vater als gläubigen Mann. Einmal, als wir gerade alle im Garten arbeiteten, kam plötzlich Ernst (ebendieser Nachbar) ganz schnell angelaufen und fragte unseren Vater: »Hans, gibt es für mich noch eine Rettung?« Der Vater ging mit Ernst sofort ins Haus, um sich mit ihm zu unterhalten. Einige Zeit später verließ Ernst mit einem strahlenden Gesicht unser Haus.

Am nächsten Morgen verlor er bei einem tragischen Unfall sein Leben. Wie froh und dankbar war mein Vater, dass er einen Menschen kurz vor den Toren der Ewigkeit zu Jesus, dem Retter, hatte führen dürfen!

George W. Peters schreibt in seinem Buch *Missionarisches Handeln und biblischer Auftrag*:

> *»Notlagen kommen über uns, man sehnt sie nicht herbei. Sie fordern unsere Stärke, unseren Erfahrungsreichtum heraus. Keine Not lässt sich mit der Notwendigkeit der Evangeliumsverkündigung vergleichen, denn es geht um das geistliche Wohl oder die ewige Trennung von Gott, Verzweiflung und Tod. Hier ist eine Notsituation. Es handelt sich um eine Dringlichkeitssituation von unendlicher Bedeutung. Die dringende Notwendigkeit ergibt sich aus den klaren Aussagen des Wortes Gottes.«*[60]

Der Herr selbst bleibt uns das Vorbild für Leben und Dienst. Das Kreuz ist eine göttliche Notwendigkeit, eine Forderung, die sich aus dem Wesen Gottes ergibt *(vgl. Johannes 3,16)*. Es lässt den Charakter und das Herz Gottes aufleuchten und zeigt die Schrecklichkeit der Sünde.

---

60 Peters, George W.: *Missionarisches Handeln und biblischer Auftrag – eine biblisch-evangelische Missionstheologie*, 2. Aufl., Bad Liebenzell: Verlag der Liebenzeller Mission, 1985, S. 375.

»Ich muss die Werke dessen wirken, der mich gesandt hat, solange es Tag ist; es kommt die Nacht, da niemand wirken kann« (Johannes 9,4).

Jesus Christus war ein Mann, der sich von einem dringenden, von Gott ergangenen Ruf zur Verkündigung des Evangeliums in Beschlag nehmen ließ. Es gibt ein göttliches *Muss*, das sich auf unser Gewissen legen muss!

»Und allen Nationen muss zuvor das Evangelium gepredigt werden« (Markus 13,10).

Dieser Ruf gilt uns allen. Im Gleichnis von den anvertrauten Pfunden sagt der Hausherr: *»Handelt, bis komme« (Lukas 19,13).* Paulus schreibt diesbezüglich:

»Mitarbeitend aber ermahnen wir auch, dass ihr die Gnade Gottes nicht vergeblich empfangt (denn er spricht: ›Zur angenehmen Zeit habe ich dich erhört, und am Tag des Heils habe ich dir geholfen.‹ Siehe, jetzt ist die wohlangenehme Zeit, siehe, jetzt ist der Tag des Heils)« (2. Korinther 6,1-2).

Der Apostel Paulus lebte in einem dreifachen *Jetzt*:

1. im *Jetzt* der Weltevangelisation;
2. im *Jetzt* des Heils und der Errettung;
3. im *Jetzt* der Erwartung der Wiederkunft Jesu.

George W. Peters schreibt:

»Nie werde ich vergessen, wie ich vor einem jungen, sehr gebildeten und höchst intelligenten Missionar in der Wüste Australiens stand und ihm die Frage vorlegte: ›Warum verschwenden Sie Ihr kostbares Leben und Ihre Zeit hier in der Wüste unter diesen Geringsten aller Wilden? Gibt es keinen respektableren Job für Sie in Australien?‹ Tränen traten in seine Augen, und ein Abglanz der Herrlichkeit legte sich über das Gesicht des jungen Missionars, als er tief bewegt antwortete: ›Hätte ich zwei Leben, hier wollte ich beide zubringen, ja, auch wenn ich tausend Leben hätte, hier wollte ich sie einsetzen.‹«[61]

61 Vgl. Peters, 1985, S. 329.

Literaturverzeichnis

Aldrich, Joseph C.: *Hilfen für Evangelisation und Jüngerschaft*, 1987.

Carnegie, Dale: *Wie man Freunde gewinnt – die Kunst, beliebt und einflussreich zu werden*, Bern/München/Wien: Scherz, 1997.

Carnegie, Dale: *Sorge dich nicht – lebe! Die Kunst, zu einem von Ängsten und Aufregungen befreien Leben zu finden*, 3. Aufl., Frankfurt am Main: Fischer, 2013.

Coleman, Robert E.: *Des Meisters Plan der Evangelisation*, 3. Aufl., Neuhausen-Stuttgart: Hänssler-Verlag, 1989.

Eichinger, Reinhold / Windler, Christoph: *Handbuch für Missionare in Österreich. Hintergrundinformationen für die Verbreitung und Durchführung eines wirkungsvollen Dienstes*, Wien: BEGÖ, 1999.

Kuhne, Gary W.: *Evangelisation – und was dann? Die Dynamik der persönlichen Nacharbeit*, Bad Liebenzell: Verlag der Liebenzeller-Mission, 1979.

Lewis, Clive S.: *Die letzte Nacht der Welt*, Hamburg: Furche-Verlag, 1964.

Little, Paul: *Weitersagen! Zeugnis geben – wie macht man das?*, Wuppertal: Aussaat, 1973.

MacDonald, William: *Kommentar zum Neuen Testament*, 7. Aufl., Bielefeld: CLV, 2018.

Nee, Watchman: *Der normale Mitarbeiter*, 3. Aufl., Bad Liebenzell: Verlag der Liebenzeller Mission, 1971.

Peters, George W.: *Evangelisation: total – durchdringend – umfassend*, Bad Liebenzell: Verlag der Liebenzeller Mission, 1977.

Peters, George W.: *Gemeindewachstum – ein theologischer Grundriss*, Bad Liebenzell: Verlag der Liebenzeller Mission, 1982.

Peters, George W.: *Missionarisches Handeln und biblischer Auftrag – eine biblisch-evangelische Missionstheologie*, 2. Aufl., Bad Liebenzell: Verlag der Liebenzeller Mission, 1985.

Petersen, Jim: *Der lebende Beweis – Evangelisation als Lebensstil*, Marburg an der Lahn: Francke, 1991.

Sanders, Oswald J.: *Wie gewinne ich Menschen für Christus?*, Bielefeld: Christlicher Missions-Verlag, 2005.

Smith, Oswald: *Glühende Retterliebe*, 13. Aufl., Moers: Brendow, 1981.

Smith, Oswald: *Sieg des Gebets – Kampf und Erfüllung geheiligter Leben*, Duisburg-Ruhrort: Brendow, 1968.

Spurgeon, Charles H.: *Ratschläge für Seelengewinner*, 2. Aufl., Wuppertal: Verlag der Evangelischen Gesellschaft für Deutschland, 1987.

Trotman, Dawson: *Für andere leben*, Leun: Herold, 1974.

Tucker, Ruth A.: *Bis an die Enden der Erde – Missionsgeschichte in Biographien*, Metzingen: Ernst Franz Verlag, 1996.

Van Dooren, L.A.T.: *Menschenfischen – persönliches Engagement*, Frutigen: Schweizerische Schallplattenmission, 1975.

Vatter, Ernst: *Der unerledigte Auftrag*, Bad Liebenzell: Verlag der Liebenzeller Mission, 1983.